快读大师

一本书读懂38种
世界商业经典

全球工作组（Global Taskforce K.K.） —— 著

朱悦玮 —— 译

世界のエリートに読み継がれている
ビジネス書38冊

SPM 南方出版传媒·广东人民出版社

·广州·

图书在版编目（CIP）数据

快读大师：一本书读懂 38 种世界商业经典 / 全球工
作组著；朱悦玮译 . —广州：广东人民出版社 , 2019. 5
ISBN 978-7-218-13434-5

Ⅰ . ①快… Ⅱ . ①全… ②朱… Ⅲ . ①商业经营－基
本知识 Ⅳ . ① F715

中国版本图书馆 CIP 数据核字 (2019) 第 055206 号

广东省版权著作权合同登记号：图字：19-2018-015

KUAIDU DASHI:YIBENSHU DUDONG 38 ZHONG SHIJIE SHANGYE JINGDIAN

快读大师：一本书读懂 38 种世界商业经典

全球工作组（Global Taskforce K.K.）著 朱悦玮 译 版权所有　翻印必究

出 版 人：肖风华

项目策划：詹继梅
责任编辑：刘　宇　马妮璐
责任技编：周　杰　易志华
装帧设计：刘红刚

出版发行：广东人民出版社
地　　址：广州市大沙头四马路 10 号（邮政编码：510102）
电　　话：(020) 85716809（总编室）
传　　真：(020) 83780199
网　　址：http://www.gdpph.com
印　　刷：三河市荣展印务有限公司
开　　本：787mm×1092mm　1/16
印　　张：19　字　数：304 千
版　　次：2019 年 5 月第 1 版　2019 年 5 月第 1 次印刷
定　　价：58. 00 元

如发现印装质量问题，影响阅读，请与出版社（020－85716849）联系调换。
售书热线：（020）83795240

为什么名著能够流传下来？

　　每个月都会有许多新的商业书籍出版，在书店里堆积如山，而且数量似乎有逐年递增的趋势。有时候其中还会出现"销量突破10万册"的畅销书。

　　然而，除了这些几乎可以称为"泛滥成灾"的商业书籍之外，还有经过了几十年的时间仍然热度不减，被全世界的商务人士奉为经典的名著。

　　或许有些读者在面对如同洪水般源源不断出版的商业书籍会感到有些手足无措，不知道应该如何进行选择。本书将为这样的读者朋友选出各个领域中最具代表性的38本历史名著，并配以适当的解说和体系图，为大家指明道路。

　　本书精选出的这38本商业名著，不管内容的品质、体系还是思想的深度都堪称"最佳杰作"。这些书都被世界各大商学院选为必读书籍，时至今日仍然被广泛阅读。

　　即便只将本书介绍的其中一本通读一遍，也能够获得比阅读100本流行书更多的收获。通过阅读这些各个领域的"圣经"，我

们除了能够对事实和理论有深刻的理解之外，还可以从中获得许多
新的发现。

讲理论的书"晦涩难懂"吗？

"被商学院选为教材的书都太晦涩难懂了，而且根本无法应用
在现实的商业活动之中。""超过 400 页的大部头著作，我可没信
心能读完。"或许有不少人都存在着这样的先入为主的观念，但这
完全是杞人忧天。

本书介绍的这些名著之所以被称为名著，就是因为其"既拥有
完整的体系和明确的根据，同时还拥有大量翔实的案例"。比如，
超过 400 页的名著，实际上主要理论和关键内容只有不到 10 页，
而为了证明其理论和发现的正确性，剩下的 390 多页都是根据和
逻辑，以及基于这一逻辑的各种真实案例。至于案例，也都是用非
常通俗易懂的语言进行说明。

讲理论的书"缺乏实践性"吗？

还有人认为，"就算掌握了理论，但这些书上并没有告诉你遇
到具体问题的时候应该怎么去做。"正如前文提到的那样，各个商
业名著中，"案例"占的篇幅最多，其实这就是最好的实践指导。
另外，在学习商业理论的时候，不应该只是死记硬背，而应该以

"灵活应对"为前提，懂得举一反三和具体问题具体分析。

如果读书的目的只是学习"知识"，那只要采取"应试教育"的死记硬背的方法就足够了。但如果读书的目的不仅是学习"知识"，更是为了解决"问题"，那就不能只是"死记硬背"，还要"找出隐藏的背景和前提，并且努力将方法应用于当前的环境"。这才是真正的"学习"过程。

只要掌握了基本的理论以及基于理论的实践案例，就可以将学到的知识灵活地应用在自己面对的问题上。反过来说，现在充斥在街头巷尾的很多号称"工作方法"的书，都是基于某个基本的设定，通过牺牲准确度使内容"模板化"，通过违背理论或牺牲系统化观点使内容"通俗化"。

"只要按照书中的方法就可以解决所有问题"——这种像魔法一样的工具根本就是不存在的。

商业名著要如何应用在商业活动中呢？

那么，本书介绍的这么多名著应该如何应用在商业活动中呢？

本书收录了芭芭拉·明托的《金字塔原理》这一讲述思考方法的名著。我们在接触营销和战略等内容之前，首先了解"逻辑·批判"思考和"概念化"思考这一相当于电脑CPU的"思考方法"，毫无疑问是最重要的。事实上，要想掌握这种思考方法，只靠读书是远远不够的，我们可以将日常生活和工作中的每一个小决定都拿来做思考练习，主动设置课题并进行思考、缩短发现问题与解决问题的循环过程、快速多次地进行实践，通过这些方式对思考能力进行磨炼。接下来才能在自己的大脑中形成体系图，用自己的语言对各本名著的内容进行整理和思考。

不管这些名著多么实用，如果我们不用自己的大脑来进行思考，那这些书将只是"毫无意义的理论书"而已。只有我们用自己的大脑进行思考之后，这些书才会变成"不管面对任何状况（条件）都能够派上用场的实践书"。

大家在阅读这些名著的时候，千万不能只停留在理解事实和理论的层面上，还应该通过改变各种前提和背景，带着自己的观点与主张来进行思考训练。

写在最后

我们要想在这一本书里将 38 本商业名著及其作者都进行详细的介绍是不可能的，所以本书充其量也就是为大家介绍一下全世界的商界精英们究竟将哪些书奉为商业圣经，算是一本提供更多视角的导读书。不过，本书对各本名著的重点内容进行了简单的介绍，可以帮助大家对这些名著进行一个整体上的把握。

本书介绍的这些商业书籍之中，充满了诸多研究的成果与翔实的案例，以及对这些内容的宝贵总结。如果诸位想更进一步了解书中的内容并且将其实际应用于商业活动之中，请务必尝试阅读相应的名著。这些书都有日语版翻译，其中一部分甚至还出版了文库版，读者能够以很低廉的价格买到。另外，也有一部分书因为出版社的关系目前处于绝版状态。但考虑到这些书的内容本身的价值没有变化，而且在旧书市场还能买到，因此本书也将其收录了进来。

需要注意的是，尽管很多名著都是销量很高的畅销书，但并不意味着流传下来的名著都一定是畅销书。比如，英国的大众报纸《太阳报》每日发行量超过 300 万份，而高级报纸中发行量最大的《每日电讯报》只有 80 万份而已。所以，有时候介绍工作方法的流行书可能比名著销量多得多，这个问题必须格外留意。

本书以 2004 年综合法令出版社出版的《世界商业名著摘要》为基础，对其中收录的名著进行了一些增删，并重新配以说明文字。旧版中备受好评的将各名著的目录体系化后制作成的"可视化"体系图在这一版中也重新制作了升级版。只要读者能看懂这张体系图，就会发现原本以为晦涩难懂的原著其实内容非常简单。在阅读原著的时候想必这张图也会给诸位提供一定的帮助。

最后，由于本书的性质，无法对每个参考资料都逐一进行注释，因此只能省略，恳请诸位读者海涵。

值此出版之际，特向为本书付出了许多心血的综合法令出版社编辑部的田所洋一致以衷心的感谢。

全球工作组（Global Taskforce k.k.）

2015 年 6 月

本书的构成及使用方法

本书的构成

本书按照以下的构成对各领域的名著进行分析，用 8~10 页的篇幅对每本名著的内容进行归纳和总结。

第一页的"关键词"是关于该名著的理论与主张的相关领域，"功能分类"与"职位分类"明确了这本书与各个领域之间的关系和对象读者层，便于读者把握究竟应该广泛地进行讨论还是应该锁定某一范围进行深入思考。

从第二页开始的正文内容，首先是"流传下来的原因"，对这本书为什么被称为名著的原因进行说明。随后是"概要"，对作者及其主张进行说明。最后是"重要内容"，参考支撑作者主张的代表案例和数据等，对各个名著的精妙之处进行介绍。

紧接在正文之后的"目录 体系图"，将仅看目录无法理解的各章节和各理论之间的关系以及整体关系以树状图的形式表现出来，对于培养读者系统化的视角以及发现这些理论在其他情况下的应用很有帮助。

希望大家在阅读本书的过程中不要停留在只理解事实和理论的层面上，还要通过改变各种前提和背景，带着自己的观点与主张来进行思考训练。

不同群体的读者对本书的使用方法

本书将读者群体大致分为基层、中层、高层这三类。每一本名著都对应合适的读者群体。

①基层

找工作的大学生、刚入职的新员工以及入职 3~5 年的年轻员工。本书推荐这一群体阅读介绍一般管理（德鲁克《管理的实践》）和逻辑思考能力（芭芭拉·明托《金字塔原理》）的两本书。

②中层

系长到课长的管理层。为了对部下进行管理，率领团队取得成果，需要阅读介绍一般管理的书（德鲁克《管理的实践》），而为了与所有层级的对象进行交流和做出决定，需要阅读介绍逻辑思考能力的书（芭芭拉·明托《金字塔原理》），除此之外，与管理必不可少的 3 个资源"人、物、钱"相关的 5 个领域、围绕资源利用和分配方法以及方向决策的战略相关书籍也必须掌握。

对于读惯了充斥街头巷尾的介绍工作方法的流行书的人来说，在阅读这些体系书的时候会感到有些难以理解，但绝大多数在世界一流商学院学习的精英们，其开始学习这些内容时的平均年龄也在 28 岁左右。而且因为即便前往著名的商学院学习 MBA 也不需要具备管理基础知识（但必须具备逻辑思考能力），所以绝大多数MBA 学员都是在 28 岁左右的时候才第一次对财务和会计相关的知识进行系统化的学习。这些知识就像是计算机和英语一样，是每一位想要取得成功的商务人士都必须掌握的，只有掌握了这些系统化的知识，才能更进一步地将其灵活应用在其他方面。希望大家都能够打好这个基础。

③高层

部长（高层管理者～总经理）级别以上的管理层。高层管理者除了要掌握基层需要掌握的一般管理和逻辑思考以及中层需要掌握的管理各领域相关的名著之外，还需要阅读将管理的各领域更加细分化、对个别要点进行研究的书籍。

在面向高层的书之中，甚至有一些书比面向中层的书更加通俗易懂（并非系统化的理论书籍，而是以基于研究的发现为中心的读物）。面向中层的书内容更加全面，而且是以理论为中心，读起来难免枯燥乏味，不如细分化和以翔实的案例为中心的书更吸引人。但是，在进行更深入的讨论和思考之前，对整个体系有一个准确的把握十分关键。所以，请大家先控制住想要立刻对各个论点进行深入讨论、对个别战略进行深入理解的冲动，首先从"体系化的管理"学起，打好坚实的基础。当大家掌握了各个管理领域的体系之后，再阅读关于个别战略的名著，那么最终的理解程度和在现场的应用能力也会得到特别大的提高。

※ 注
各名著介绍页下方"职位分类"栏中的符号代表以下含义：
◎最适合的读者对象群体
○必须阅读
△推荐阅读

目录

第一章

一般管理

德鲁克《管理的实践》（上·下）
格拉德威尔《眨眼之间：决断思考的艺术》
菲佛、萨顿《管理者的误区》
巴泽曼《管理决策中的判断》
艾克塞尔、桑德尔潘迪安《商务统计》（上·下）
艾瑞里《怪诞行为学》
大前研一《新装版 企业参谋》

第一章　一般管理		
第四章　人(HR·组织行动)	第三章技术管理·企业家精神	第二章逻辑思考
第五章　物(营销)		
第六章　钱(会计·财务)		
第七章　战略		

一般管理必不可少的体系书

《管理的实践》（上·下）
The Practice Of Management

彼得·德鲁克（著）

上田惇生（译）
钻石社（德鲁克名著集 2、3）
价格　　各 1800 日元

①一般管理
②领导能力
③决策

功能分类

一般管理	◎
逻辑思考	
技术管理·企业家精神	○
人（HR·组织行动）	○
物（营销）	
钱（会计·财务）	
战略	

职位分类

基层	中层	高层
◎	○	○

流传下来的原因

《追求卓越》的作者之一汤姆·彼得斯曾经说过，"我们写的所有内容，在德鲁克的《管理的实践》中都有。"

这是被称为"管理学之父"的德鲁克的管理学原点，也是一说起管理就必然会被提到的入门书。这本书最早出版于1954年，是"第一次将管理学作为一门独立学科"的书。在第二次世界大战之后工业化逐渐得到发展的时期，德鲁克就在书中预言"未来需要的是通过知识创造附加价值的知识劳动者"。他正是因为拥有如此敏锐的洞察力才被称为"预言家"。

在德鲁克之前，虽然也有埃尔顿·梅奥、亨利·法约尔、弗雷德里克·泰勒等对管理相关领域进行研究的学者，但只有德鲁克通过《管理的实践》这本书将管理作为一个专门的学科进行了体系化的整理。

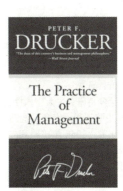

原著: *The Practice Of Management*
(初版 1954 年)

概要

本书首先在序章中对"什么是管理"进行了定义，然后对管理的3个功能（管理企业、管理管理者、管理员工和工作）进行了说明，最后以"管理层的责任"作为对上述内容的总结。

德鲁克管理学的精髓在于，他传授给我们的并非空泛的理论，而是最本质的"管理的体系"。

比如，当书中提到"企业目标"这个词的时候，他不是简单地介绍"这是构筑企业战略的流程之一"，而是更进一步地提出警告，如果在设定"企业目标"的时候"只从一个视角出发"，那么就"容易对管理者造成误导，有害无益"。

他在书中是这样说的，"如果企业目标只强调利益，那么就会对管理负责人造成误导，最终给企业的存续带来危机。而且只强调利益会导致管理负责人被眼前的利益所蒙蔽，从而忽视了企业将来的发展。"

作者简介

彼得·F.德鲁克（Peter F. Drucker）
1909年生于维也纳。美国克莱蒙特研究生大学教授。法兰克福大学毕业。1944年受聘于通用汽车公司对该公司的内部管理结构进行研究，1946年将研究成果写成《公司概念》一书并出版。德鲁克一生创作了大量著作，90岁高龄仍然积极从事教育活动和创作活动。2005年去世。

德鲁克的分析乍看起来似乎"理所当然",并没有什么特别的地方。但事实上,当面对公司内外的评价与指标时,能够战胜短期目标的诱惑做出正确决策的管理者实际上少之又少,这一点也早已被国内外诸多企业的失败案例所证实。此外,将本来应该投资给长期事业的资金转投给短期事业,或者为了短期的目标而将"有发展前途的种子事业"出售给其他企业,盲目地追求好看的财务报告和短期的股价攀升,最终对自身价值造成恶性影响的企业更是屡见不鲜。

德鲁克在书中提出了许多建议,比如,在设定目标的时候,不能只从一个领域出发,而应该对以下8个领域逐一进行分析,然后系统地整合起来再设定目标:

①市场地位。

②创新。

③生产力。

④实物和财力资源。

⑤获利能力。

⑥管理者绩效和培养管理者。

⑦员工绩效和工作态度。

⑧社会责任。

另外,德鲁克还指出,"没有专门负责人和具体时间表的计划与目标只不过是'理想化的预测'罢了。"有专门负责人和具体时间表才有可能实现目标,这是任何人都知道的事实,但实际行动的时候却往往容易被人忽视。也就是说,即便是自以为了然于心的事情,但到了实际执行的阶段也往往难以做到,德鲁克让读者们意识到了这一点，并且给了他们"改变行动"的动力。

正如德鲁克在本书第一章"管理层的角色"一开头所说的那样："管理者是给企业带来活力的重要因素。如果没有管理者的领导，那么生产资源将只停留在资源的层面上，永远无法成为商品"。这本堪称德鲁克管理学原典的名著，让充斥在现代社会中的许多管理理论都显得空洞无物。

重要内容

◇关于企业的目的，只有一个正确且有效的定义，那就是创造顾客。

◇当今企业需要的是能够让个人充分发挥特长，同时将他们的理想和努力导入一致的方向，实现团队合作，将个人的目标与共同的利益相协调的"管理原则"。而目标管理和自我控制是唯一能够实现上述目标的管理原则。

◇不管多么愚蠢的人也能够遵守预算，但能够准确做出预算的人却少之又少。

◇管理层是企业特有的机构，属于经济机构。在组织活动中存在着许多非经济的成果（比如，员工的幸福、对社会的贡献等）。但是，如果不能取得经济成果的话，则意味着管理层的失败。

◇管理由管理企业、管理管理者、管理员工和工作这 3 个功能组成。

①管理企业。

管理企业就是通过营销和革新来创造顾客。因此，管理者管理企业不能有官僚作风、行政作风，而必须具备企业家精神。另外，管理企业并不是一项适应性的工作，而是一项创造性的工作。尽管管理层最终要靠绩效来进行检验，但管理是理性的活动。管理层必须决定企业所从事的是什么样的事业或者应该从事什么样的事业，不管这项事业是否盈利。

②管理管理者。

管理管理者就是通过对管理者进行管理，使用人力和物力资源来组建生产性企业。企业的存在本身大于作为其构成要素的所有资源，是能够产出比投入的价值更大价值的有机组织。而实现这种资源转化的正是管理层。企业能够利用的各种资源之中，唯一能够实现成长与发展的只有人类，因此对于企业来说，经营管理者是最有价值的资源。企业雇佣经营管理者的团队对自身进行管理，经营管理者通过管理将资源利用起来。

③管理员工和工作。

企业通过工作创造价值，而进行工作的则是拥有各种技能、性格迥异的人。对于企业来说，当"知识"成为人力资源中心的时候，对员工和工作进行管理就显得尤为重要。

8

《管理的实践》（上·下）目录　体系图

管理的定义

企业的三个侧面
①创造利润的组织
②对员工进行雇佣、培养并给
　予报酬的社会型组织
③根植于当地社会，进行公益
　贡献的社会性机构

管理的三个功能 ➡ 管理的综合性

(1) 管理企业

第I部分 管理企业
第 4 章 西尔斯公司的故事
第 5 章 企业是什么？
第 6 章 我们的事业是什么？
第 7 章 企业的目标
第 8 章 今天的决策，明天的成果
第 9 章 生产的原则

(2) 管理管理者

第II部分 管理管理者
第 10 章 福特的故事
第 11 章 目标管理与自我控制
第 12 章 管理者必须管理
第 13 章 组织的精神
第 14 章 首席执行官与董事会
第 15 章 培养管理者

(3) 管理员工和工作

第III部分 管理的结构
第 16 章 企业需要哪一种结构？
第 17 章 建立管理结构
第 18 章 大企业、小企业和成长中的企业

第IV部分 管理员工和工作
第 19 章 IBM 的故事
第 20 章 雇佣整个人
第 21 章 人事管理是否已宣告彻底失败
第 22 章 创造巅峰绩效的组织
第 23 章 激励员工创造最佳绩效
第 24 章 经济层面
第 25 章 主管
第 26 章 专业人员

管理层的决策

第V部分 当一名管理者意味着什么？
第 27 章 管理者及其工作
第 28 章 做决策
第 29 章 未来的管理者

结语 管理层的责任

解读"瞬间思考"的名著

《眨眼之间：决断思考的艺术》

"最初 2 秒的直觉"往往是最准确的

Blink–The Power of Thinking Without Thinking

马尔科姆·格拉德威尔（著）

泽田博、阿部尚美（译）
光文社
价格　　1500 日元

①适应性潜意识
②一般管理
③思考法（创造·战略）

功能分类

一般管理	◎
逻辑思考	◎
技术管理·企业家精神	
人（HR·组织行动）	
物（营销）	
钱（会计·财务）	
战略	

职位分类

基层	中层	高层
◎		

流传下来的原因

本书将人类大脑做出的瞬间决断称为适应性潜意识，并且对其进行了解说。作者指出，在直觉的潜意识状态下，大脑会舍弃不必要的信息，通过将全部精力都集中在重要信息之上的"薄片法"作出结论。但是，要想发挥出这种能力，必须在日常生活中就不断地积累经验和进行训练。本书在美国连续 50 周荣膺畅销书行列，被全世界 34 个国家翻译出版。

概要

本书对心理学中最新同时也是最重要的研究领域之一"适应性潜意识"的相关研究进行了总结。本书的一开头就引用了这样一个事例来为读者介绍"适应性潜意识"。

一位艺术品经销商联系加利福尼亚州的盖蒂博物馆，声称自己

原著: *Blink - The Power of Thinking Without Thinking*（初版 2005 年）

有一尊公元前 6 世纪的大理石雕像——"希腊少年立像"。博物馆为了辨明这尊雕像的真伪，花了 14 个月的时间对其进行了包括科学分析在内的彻底调查。

调查的结果表明，这尊雕像确实是几百甚至上千年前的作品，于是盖蒂博物馆决定将这尊雕像买下来。但是，当美术和雕刻领域的专家们看到这尊雕像的瞬间，却感觉到"有点别扭""好新"，看起来不像是 2000 多年前的东西。

不过，当被问到为什么会有这种感觉的时候，专家们的回答却是"说不出来"。也就是说，他们自己也说不清楚究竟是什么地方不对劲，只是从"直觉"上认为"有点别扭"。

经过再次调查，这尊雕像被证实只是现代仿品。

像这样能够在一瞬间辨别真伪（作出结论）的大脑活动被称为"适应性潜意识"。也就是说，这是一种在潜意识下通过缜密的思考一瞬间直观地发现正确答案的能力。

在这种情况下，适应性潜意识做出判断的时间只有"2 秒"。

作者简介

马尔科姆·格拉德威尔（Malcom Gradwell）1963 年出生于英国。毕业于加拿大多伦多大学三一书院。曾是《华盛顿邮报》商务和科学专栏作家，后来担任《纽约客》杂志专栏作家。他出版的著作全都成为在全世界范围内销量突破 200 万册的超级畅销书。

在这种瞬间判断能力的帮助下，经验丰富的专家不需要经过深思熟虑就可以根据状况的"薄片"做出正确的判断。

然而，对不依靠"逻辑"而依靠"直觉和经验"得出的答案，人类普遍持怀疑态度。针对于此，本书也给出了"专家的直觉往往十分准确，而普通人的直觉则很容易产生错误"的忠告。也就是说，专家的直觉与普通人不同，是经过训练的。

事实上，任何人都有可能因为"直观感受""想当然"或者"想太多"而做出错误的判断。为了避免出现这种情况，我们必须在平时对自己进行训练，比如，将自己的直觉记下来，然后检查这个直觉究竟是正确的还是错误的。

重要内容

◇尽量给人留下良好的第一印象！

位于潜意识层面的认知一旦形成就会根深蒂固。比如，曾经被卷入医疗诉讼的医生与其他医生相比，平均诊疗时间更短，与患者之间的交流也不多（经常被患者投诉"那个医生根本不听我说话"）。

◇不要让大量的参考资料影响瞬间判断力！

有医院对急诊现场的"心肌梗死诊断"进行了调查。他们将通过诊断表进行设备诊断的场合与凭借医生经验进行诊断的场合进行对比，结果表明，通过诊断表进行设备诊断的场合准确率更高。这项调查证明了在繁忙的急救现场，"与时间赛跑的同时做出准确诊断"是一件多么困难的事情。因此，医疗界需要提供的是不管在任何状况下，任何医生都能够做出准确的诊断和治疗的医疗服务。

◇不要将错误的潜意识与适应性潜意识混为一谈！

在对美国前 500 强企业进行调查后发现，500 强企业的男性 CEO 平均身高为 182cm，而美国男性的平均身高为 175cm。也就是说，CEO 的平均身高比美国男性的平均身高要多 7cm。身高超过 182cm 的男性只占美国男性总人数的 14.5%，但在 CEO 人群中这个数字却是 58%。身高超过 188cm 的男性只占美国男性总人数的 3.9%，但在 CEO 人群中这个数字却是 30% 以上。虽然没有任何一家公司拥有根据身高来选拔人才的制度，但结果却十分明显。也就是说，人类在潜意识中选择身材高大的人做领袖的可能性很高。

◇通过将直觉逐一记录下来可以避免根据错误的潜意识做出判断。

《眨眼之间：决断思考的艺术》目录 体系图

别扭的雕像

磨炼"瞬间判断（2 秒）"的能力

关于"如何引发行动"这一课题的指导书

《管理者的误区》

将知识变为行动的管理方法

The Knowing–Doing Gap: How Smart Companies Turn Knowledge Into Action

杰费里·菲佛　罗伯特·萨顿（著）

长谷川喜一郎（监译）菅田绚子（译）
日本经济新闻社
价格　　1800 日元

①一般管理
②组织行为学
③管理控制

功能分类

一般管理	○
逻辑思考	
技术管理·企业家精神	
人（HR·组织行动）	◎
物（营销）	
钱（会计·财务）	
战略	

职位分类

基层	中层	高层
	◎	

流传下来的原因

如果说保罗·劳伦斯（哈佛商学院）的组织行为学是对组织行为这一领域进行了系统化介绍的"圣经"，那么本书就是以绝大多数企业都面临的重大课题——任何组织中每天都会出现的"知（设计、计划）与行（实施）之间的差距"作为焦点，对各种成功或者失败的例子进行深入分析的实践类书籍。

组织行为学领域的权威杰费里·菲佛与罗伯特·萨顿花费 4 年的时间进行大量的调查，终于找出了导致知行差距的 5 个原因，并且用通俗易懂的语言为所有的组织都存在的"如何引发行动"这一问题给出了解答。

该书的日语版到目前为止共出版了三版，最早的是 2000 年流通科学大学出版的《改变的公司、不改变的公司》，然后是 2005 年兰登讲谈社出版的《缺乏执行力 为什么知不能变成行》，最新的就是 2014 年日本经济新闻出版社出版的这本《为什么就算知道也不能采取行动》。

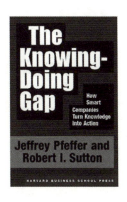

原著: *The Knowing-Doing Gap: How Smart Companies Turn Knowledge Into Action*（初版 2000 年）

概要

"获取知识的机会比比皆是，企业随时可以聘请管理顾问，街头巷尾充斥着大量的商业书籍。即便如此，管理者和组织的做法却从没有发生过任何的变化。这究竟是为什么呢？"

"绝大多数的管理者都深谙管理之道，说起提高业绩的方法也总是能够侃侃而谈。而且他们在工作中都非常努力。即便如此，他们却在采取完全相反行动的企业之中束手无策。这究竟是为什么呢？"

本书就以这些随处可见的课题为基础，对无法对知识进行活用的组织的"知"和"行"之间的差距进行分析。

明知道每次都会得出几乎相同的结论，却还是委托多个不同的管理顾问公司进行同样的调查，结果仍是得出相差无几的结果。但事实上，问题的关键不在于分析结果，而在于"执行"与"改革"。

由此可见，绝大多数企业的问题都存在于"执行阶段"。本书对"企业为什么无法将知识转变为行动？""解决了这一问题的企

作者简介

杰费里·菲佛（Jeffrey Pfeffer）
1946 年出生。斯坦福商学院教授（组织行为理论）。在卡耐基·梅隆大学取得理科学士与硕士学位，在斯坦福大学取得管理学博士学位，历任伊利诺伊大学教授、加利福尼亚大学伯克利分校教授、哈佛商学院客座教授。

业都采取了什么方法？为什么会这样？”等重要问题进行了分析，介绍了许多"知行差距"导致的成功或失败案例。

最终得出，只有让采取行动的本人自己思考、主动行动，才能真正提高自身的执行力。不只是管理层，即便是普通员工也可以通过阅读这本书来认识到这一点，改善自身的执行力，从而提高主人翁精神，甚至彻底改变以前的观念。

重要内容

◇只做决定无法改变任何事！

对于研究决定的结果，必须通过后续的跟踪调查确定是否真正落实，否则将不会有任何改变。不管是制订计划、会议讨论还是制作报告，如果将重心完全放在上述工作上，就无法对实际的行动产生任何影响。做出决定是一回事，而是否能够执行则是另一回事了。

作者简介

罗伯特·萨顿（Robert I.Sutton）

1954 年出生。斯坦福工程学院教授（组织行为理论），兼任斯坦福职业教育中心理事、斯坦福科技创业计划研究所所长。在密歇根大学取得组织心理学博士学位。曾任加利福尼亚大学伯克利分校哈斯商学院教授。

◇分清执行力与表达力之间的区别！

在职场中，一个善于表达的人往往比默默行动的人更受欢迎，人们甚至误以为善于表达的人也更善于工作。有时候，一个人在公司内部的地位也是由口若悬河的议论和尖酸刻薄的批评所决定的。

◇上司喜欢夸夸其谈的人，会给予他们相应的奖励甚至晋升。

◇不行动本身就是非常严重的失败。不应该惩罚大胆行动却失败的人，而应该惩罚不行动的人。

◇领导更应该大胆地说出自己的失败，特别是从失败中学到的经验。

◇鼓励开放式的交流。

◇给所有人第二次（第三次）机会。

◇开除使他人感到耻辱的人，特别是领导。

◇从失败中学习经验，特别是尝试挑战新事物的时候遭遇的失败更是非常宝贵的经验。

◇绝对不能惩罚敢于挑战新事物的人。

◇思考执行（实现的可能性）上的最优解。

人们普遍认为复杂的术语、创意、流程和结构更好。但实际上，真正重要的却是简单直接的内容，比如，在一个结构简单的组织中，用通俗易懂的语言提出战略目标，用2~3个重要项目来对业绩进行评价。

《管理者的误区》目录 体系图

执行力不足的整体情况

什么是知行差距

第 1 章 不仅要"知"，更要"行"

"说"替代"做"的原因

第 2 章 原因① 认为讨论问题就等于解决了问题
第 3 章 原因② 拘泥于过去的做法
第 4 章 原因③ 用恐吓来迫使部下行动
第 5 章 原因④ 只关注不重要的事情
第 6 章 原因⑤ 为了提高业绩而进行竞争

消除执行力不足的方法

从成功案例中学习

第 7 章 消除知行差距的企业
传播知识，灵活利用（英国石油公司）
成功实现统一管理（巴克莱资本）
将好想法付诸行动（新西兰邮政）

从关键点中学习

第 8 章 引发行动的指导书
将知识变为行动的八个关键点

附录 知行调查

被商学院选为教材的决策教科书

《管理决策中的判断》

行为决策理论入门

Judgement in Managerial Decision Making

马克斯·巴泽曼（著）

兼广崇明（译）
东洋经济新报社
价格　　2800 日元

 ①战略思考
②决策
③偏差

功能分类

一般管理	◎
逻辑思考	◎
技术管理·企业家精神	
人（HR·组织行动）	
物（营销）	
钱（会计·财务）	
战略	

职位分类

基层	中层	高层
		◎

流传下来的原因

决策涉及非常广阔的领域。因为可能存在着多个影响决策的重要因素，所以人们要想做出准确的决策就必须对统计学、哲学、经济学、政治学以及心理学等领域都有一定程度的了解。比如，当你要进行一项谈判的时候，就涉及与拥有感情的人类进行交流这一存在着利害关系的决策。

概要

决策的领域大体上可以分为两部分：一个是标准模型，另一个是描述模型。前者的重心放在如何做出合理的决策上，后者的重心则放在实际进行决策的情况上。

本书认为，对于每天都要做出大量决策的管理层来说，将时间都用在追求严谨的数据（需要花费大量时间与精力）并做出完

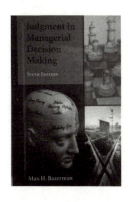

原著：*Judgement in Managerial Decision Making*（初版 1992 年）

全合理的决策上是不现实的，事实上应该根据前提做出接近次佳的决策。

本书由"个人决策"（第2章~第6章）和"团体决策"（第7章~第9章）两大部分组成，第10章是对本书内容的"整体总结"。

在"个人决策"部分，本书列举了13个非常具有代表性的影响判断的"偏差"实例，针对管理层面对不确定性时的反应（存在风险时的决策），以及导致非理性的承诺升级等日常工作中非常容易出现的问题，进行了十分详细的介绍和分析。

在"团体决策"部分，本书对谈判时的决策（让双方团体的利益最大化的决策：博弈论）、谈判时的判断错误、通过消除谈判时产生的偏差获取利益的状况、存在多个团体时个人的判断等都进行了详细的说明。

在整体总结部分，本书提出要想改善决策，就必须重视：

①获取专业知识。

②消除偏差。

③活用线型模型。

作者简介

马克思·巴泽曼（Max H.Bazerman）
1955年出生，西北大学凯洛格商学院教授，主讲决策理论、谈判技巧。发表了大量与决策理论、解决纠纷以及环境问题相关的论文。

④调整直觉预测。

在这 4 个战略中，关于持续改善决策的方法，著者做出了简单的提案。

重要内容

◇虽然完全合理的决策是不存在的，但却可以将其作为重要的指标！

合理的决策包括以下几点：

①能够定义完整的问题。

②能够判别所有的基准。

③能够准确区分基准的优先顺序。

④掌握所有相关的替代方案。

⑤准确分析基于各项基准的各个替代方案。

⑥能够选出最有价值的方案。

但实际上，想实现上述完全合理的情况十分困难，因此避开陷阱做出决策尤为重要。

◇不要过分依赖经验！

很多人认为多利用经验可以通过牺牲决策质量节省大量时间，但实际上牺牲决策质量换取时间的做法很有可能得不偿失。另外，如果连是否应该根据经验来做出决策都不知道的话，就相当于根本没有搞清楚决策的前提。

◇不确定性下的判断。

当一个人对某个选择做出判断时，首先并不会与合理标准进行对比，而是与自己的参照点（基准点）进行对比，所以很有可能做出与合理标准不同的判断。

即便是完全相同的选项，如果选择者的心理结构（框架）不同，那么做出的决定也不同。例如，对以下情景进行决策：情景一，千分之一的概率损失 5000 美元和确定损失 5 美元（保险成本）；情景二，四分之一的概率损失 200 美元和确定损失 50 美元（仍然是保险成本）。几乎所有的人都会选择确定损失。因为在上述情况下，与将参照点放在损失金钱的框架中相比，显然放在保险的框架之中更有魅力。

《管理决策中的判断》目录　体系图

决策

— **标准模型**　（基于必要的信息做出合理的决策）

— **描述模型**　（在没有获得全部信息的状况下做出次佳的决策）

↑
本书的主题

"个人决策"

第 1 章　管理决策概述
第 2 章　常见偏差
第 3 章　不确定性下的判断
第 4 章　非理性的承诺升级
第 5 章　决策中的公平问题
第 6 章　有动机的偏差

"整体总结"

第 10 章　改善决策

"团体决策"

第 7 章　两个团体的合理决策
第 8 章　谈判者的认知
第 9 章　多个团体的决策

在商业活动中活用统计学的圣经

《商务统计》（上·下）
Complete Business Statistics

阿米尔·艾克塞尔
扎维尔·桑德尔潘迪安（著）

铃木一功（监译）
手岛宣之　原郁　原田喜美枝（译）
钻石社
价格　　各 4200 日元

①一般管理
②市场调研
③统计分析
④决策

功能分类

一般管理	◎
逻辑思考	
技术管理·企业家精神	
人（HR·组织行动）	
物（营销）	◎
钱（会计·财务）	
战略	

职位分类

基层	中层	高层
		◎

流传下来的原因

说起统计学，人们普遍认为这是偏向理科的学问，而且很多文科的商务人士都对统计学谈虎色变。但是，管理者要想对诸多数据进行分析并从中找出企业战略的发展方向，那么统计学的知识是必不可少的。事实上，欧美的商学院几乎都将统计学作为必修科目。

本书对需要利用统计学的商业场面以及活用方法进行了系统化的介绍。本书通过大量的实际案例对利用 Excel 等软件进行统计的方法进行了生动且详细的说明，完全不同于之前统计学书籍单纯罗列数学公式的枯燥讲解方式。

概要

本书被欧美诸多商学院选为统计学必修基础科目的教科书，其最大的特点就是并非对数学公式进行简单的罗列，而是以将统计学

原著：*Complete Business Statistics*
（初版 1989 年）

应用在商业活动中作为最重要的目的，是一本实用性很强的统计学"圣经"。

统计学与经济学一样，都属于应用范围十分广泛的学科。然而，就像理科出身的人在进入商学院之后对会计学头疼不已一样，对于文科出身的人来说，统计学和运筹学就是进入商学院之后最难跨越的两座大山。

为了在制订管理战略以及进行战略实施层面的重要决策时能够进行合理的处理，以及避免被统计上的虚假数据所欺骗做出不正确的判断，我们必须掌握统计学知识。

阅读本书不但可以学到进行统计处理所必需的统计方法（基本统计量、交叉表、多变量分析等）和概率统计方法（二项分布、正态分布、t 分布、卡方分布等），还可以学到这些方法在管理科学问题上的应用以及实施。本书与其他同类书籍之间的区别正如前文所述的那样，内容以实用性的 Excel 工具组的说明以及丰富的案例与解答为主，上卷讲述统计学的基础理论，下卷讲述理论在实际分析中的活用方法。

作者简介

阿米尔·艾克塞尔（Amir D. Aczel）
隶属于波士顿大学科学哲学与历史中心。毕业于加利福尼亚大学伯克利分校数学系，在俄勒冈大学取得统计学博士学位。曾担任 CNN 特约评论员，并在 *The American Economist* 等杂志上发表过论文和文章。

重要内容

◇不要为了分析而分析！

统计学并不是投机取巧的工具，而是在思考"企业战略"时必不可少的数据分析工具。在企业进行重要决策的时候需要警惕的数据陷阱数不胜数，因此，只有找到准确且合适的数据才能够明确因果关系。除了搞清楚肥胖与碳酸饮料之间的关系之外，我们还应该每天都对商品、服务、投资机会以及管理方法等进行比较。

◇绝对不要被他人对数据的解释所欺骗！

数据分析既可能导致正确的结果也可能导致错误的结果。比如，在变异性（variability）较大的分布中取平均值（mean）就没什么意义，而应该对最频值（mode）和中间值（median）进行验证。另外，用两张比例不同的图表进行比较也是一种很常见的欺骗手法。

◇死记硬背公式不如理解含义！

比如，样本方差（variance）是观测值与平均值的差值的平方再除以样本数，但如果差值为负数，那么不管最后的结果是

作者简介

扎维尔·桑德尔潘迪安（Jayavel Sounderpandian）威斯康星大学帕克赛德分校教授，讲授商业统计和生产管理论。在肯特州立大学取得硕士与博士学位。曾经作为飞机生产工程师在印度工作过 7 年。

多少，样本方差都应该为零。那么，计算标准偏差（Standard deviation）的意义何在呢？如果说样本方差是为了消除数值中的负数而进行平方计算后的数值（除了把握离散的程度之外，这一数值本身没有任何意义），那么标准偏差就是为了将这个平方后的数值恢复原样。据说，在一般情况下，统计学家偏好简单的样本方差，而统计学的实际应用者则喜欢更容易解释的标准偏差。

◇用统计结果的表示方法来传递信息！

传达统计数据的方法不止一种，不同的方法具有不同的特性。

◇在实际应用中千万不要在纸上手写计算公式！

虽然统计离不开数学，但在实际应用中最好用 Excel 来解决计算问题（本书通篇都用包括函数在内的 Excel 画面进行讲解和说明。虽然利用 Excel 函数进行说明的书籍有很多，但像本书这样根据实际的商业活动案例，在 Excel 画面的模板中加入函数的可谓是绝无仅有）。

《商务统计》（上·下）目录体系图

商务统计的基础知识

第 0 章 模板的使用方法	实践活用模板
第 1 章 绪论及描述统计	统计的基础
第 2 章 概率	统计的基础
第 3 章 随机变量	统计推断的基础
第 4 章 正态分布	
第 5 章 样本与样本分布	统计推断中对样本的把握
第 6 章 置信区间	样本的可信性·代表性担保过程的基础
第 7 章 假设验证	
第 8 章 两个总体之间的比较	样本的可信性·代表性担保过程的实践
第 9 章 方差分析	

商务统计的应用

第 10 章 一元回归分析及相关	法则性的发现过程（只有一个变量的一元回归分析与拥有多个变量的多元回归分析）
第 11 章 多元回归分析	
第 12 章 时间序列、预测与指数	法则性的发现过程（一元回归应用对未来的预测）
第 13 章 非参数检验与卡方检验	不依赖分布的检验

※ 第 0 章 ～ 第 8 章……上卷
　第 9 章 ～ 第 13 章……下卷

让人类重新审视自身非理性行为的名著

《怪诞行为学》

用行为经济学解释 "你为什么会这样做"

Predictably Irrational:The Hidden Forces That Shape Our Decisions

丹・艾瑞里（著）

熊谷淳子（译）
早川书房
价格　　900 日元

①一般管理
②行为经济学
③决策

功能分类

一般管理	◎
逻辑思考	
技术管理・企业家精神	
人（HR・组织行动）	
物（营销）	
钱（会计・财务）	
战略	

职位分类

基层	中层	高层
◎		

流传下来的原因

关于如何做出正确决策的研究比比皆是，但即便拥有正确的答案，人类有时候仍然会做出非理性的决策。本书就是针对"人类的非理性"进行研究的"行为经济学"领域第一人丹·艾瑞里所创作的名著。与只对具有代表性的实验进行解说的其他同类书籍不同的是，本书是从作者自身的日常体验开始，通过独特的视角对所有的事例进行解说。

概要

据说，本书作者对行为经济学最早的体验要追溯到他 18 岁的时候。当时他正在以色列军队中服役，结果因为训练中的一场意外导致全身 70% 严重烧伤，被迫在医院住了 3 年。在医院里，他通过观察发现，护士普遍认为快速剥去绷带比缓慢地剥去绷带给患者

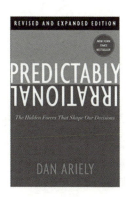

原著：*Predictably Irrational:The Hidden Forces That Shape Our Decisions*
（初版 2009 年）

带来的痛苦更小，但实际情况却完全相反。即便是待人亲切、工作认真负责而且经验丰富的护士，实际上采取的也并非合理的处理方法。

从那以后，他就开始从"明明已经下决心减肥，却因为偶然看到一张甜点的广告而将减肥的事忘得一干二净""明明没有必要，却在不知不觉间买了很多""价格便宜的阿司匹林治不好的头痛症状，然而，吃了价格昂贵的阿司匹林之后，头痛症状就消失了"等身边的事例开始研究，人类为什么会做出非理性的决定。

只要理解了这些疑问，不但能够对个人生活和工作中的相关问题做出解答，还能发现与这些疑问相关的更大的问题并且找出解决之道。以阿司匹林的问题为例，这个问题不只停留在"如何选择自己服用的药物"的层面上，还与"健康保险的性价比"这一更高层面的问题相关。减肥的问题也一样，人类不只会在冲动之下产生饮食欲望，还可能在冲动之下做出任何决定。

作者还指出，人类比经济学预计的更加欠缺理性。但同时，人类这种非理性的行动并不是毫无征兆和规律的，而是有规律性可循

作者简介

丹·艾瑞里（Dan Ariely）
研究行为经济学的第一人。杜克大学教授，麻省理工学院斯隆商学院与传媒实验室客座教授。毕业于特拉维夫大学心理学系，在北卡罗来纳大学教堂山分校取得认知心理学硕士与博士学位，在杜克大学取得管理学博士学位。凭借独特的实验研究获得 2008 年搞笑诺贝尔奖（证明昂贵的假药比廉价的假药有效）。

并且会重复多次的，因此是可以预测的。

本书通过对心理因素和外界影响等内容进行分析，思考人类为什么会做出非理性的决定和行动，是一本让人类重新审视自身非理性行为的名著。

重要内容

◇斩断相对论的连锁！

作者在刚入职时觉得"只要能拿到 10 万美元的年薪就很满意了"，却在拿到 30 万年薪时满腹牢骚，因为和自己一同入职的同事拿到了 31 万年薪。对于这个问题，作者的朋友给出了一个解决办法，那就是不要向上对比，而要向下对比。这位朋友把自己的保时捷 Boxster 卖掉，买了一台丰田的普锐斯。理由是，"开 Boxster 的人接下来的目标就是买 911，而买到 911 之后再接下来就想买法拉利了。"

◇警惕"免费"的陷阱！

你有没有过在吃自助餐的时候明明已经吃得很饱了却还不停地吃的经历？因为"免费"的吸引力比"降价"更高。人类经常会做出非理性的决定，拥有毫无意义的高性能的电脑和附加毫无意义质保条件的家电销量更高就是最好的证明。

◇不要将社会规范和市场规范混为一谈！

美国退休者协会曾经以每小时 30 美元的低价格委托律师向需要帮助的退休者提供咨询服务，但几乎没有任何一名律师愿意接受这项委托。后来，退休者协会请求律师无偿向需要帮助的退休者提供咨询服务，结果很多律师都欣然接受。这个事例说明，按照市场规范，没有律师愿意以每小时 30 美元的低价格出卖自己的劳动力，但如果利用社会规范，律师则很愿意无偿奉献自己的时间向贫困的退休者提供帮助。要想按照市场规范获得与社会规范同等程度的责任和义务，需要花费巨大的成本。

◇警惕拖延问题！

尽管绝大多数人都知道不管对个人还是对社会来说，预防比治疗的性价比更高，但人们还是不断地拖延健康体检的时间，直到身体的问题真正显现出来。有人认为应该制订规则强制执行，也有人认为应该尊重个人的自由，谁也无法说服对方。但就算不强制要求个人接受健康体检，也可以采取一定的措施解决主动拖延的问题，比如，对逾期不进行体检的人征收罚金。解决这个问题的关键在于，要首先认识到问题，然后表明解决问题的决心。

◇思考自己的品性！对现金保持诚实。

即便是商务精英也会在财务上做手脚，使用没有更改过日期的股票期权，但是他们却绝对不会去偷别人的一分钱。所以我们必须认识到这一点，"人类一旦没有了钱，就会做出连自己都无法想象的舞弊行为。"

《怪诞行为学》目录　体系图

第1章　相对论的真相
为什么我们喜欢比较和攀比？

第2章　供求关系的失衡
为什么珍珠物价？

第3章　免费的代价
为什么赠品反而让我们花费更多？

第4章　社会规范的价值
为什么钱不是激励员工最有效的方法？

第5章　免费饼干的力量
"免费！"如何控制我们的利己主义？

第6章　性兴奋的代价
为什么世界上没有"完人"？

第7章　拖沓的恶习与自我控制
为什么我们信誓旦旦的事情却总是做不到？

基于人类的品性和行动（非理性）的经济活动的代表案例

第8章　所有权的个性
为什么我们会依恋自己拥有的一切？

第9章　多种选择的困境
为什么我们希望所有的门都开着？

第10章　预期的效应
为什么我们可以心想事成？

第11章　价格的魔力
为什么我们喜欢买贵的东西？

第12章　不信任的怪圈
为什么我们不相信营销负责人的话？

第13章　人性的弱点之一
为什么我们不诚实？

第14章　人性的弱点之二
为什么现金可以让我们作弊？

第15章　啤酒与免费午餐
什么是行为经济学？哪里有免费午餐？

如今仍然适用的问题解决之道

《新装版 企业参谋》

什么是战略思考

The Mind of the Strategist

大前研一（著）

President 社
价格　　2000 日元

①解决问题
②领导能力
③战略思考方法

功能分类

一般管理	◎
逻辑思考	◎
技术管理·企业家精神	
人（HR·组织行动）	
物（营销）	
钱（会计·财务）	
战略	◎

职位分类

基层	中层	高层
◎		

流传下来的原因

本书是将大前研一在大约 40 年前创作的《企业参谋》（1975）《续 企业参谋》（1977）整理为一册的新装版，累计销量超过 50 万册。本书原是大前研一在麦肯锡新人时代的个人备忘录，经过整理出版后，不但成为大前研一的代表作，而且直到现在仍然被广泛地阅读。

本书不仅介绍了时下流行的管理战略知识和框架，更对"战略思考"进行了非常详细的解说，还通过大量的优秀案例，对从身为企业参谋的心理准备到"问题树"和"利润树"等基本的思考工具进行了详细的讲解。

本书被翻译为英文版，从出版到现在 40 余年仍然被全世界许多商学院和企业培训选为教科书。对于所有学习战略思考和管理的人来说，这是一本值得被反复阅读的"圣经"。

英国《经济学人》杂志曾经这样评论道，"现代世界的思想领袖，美国有彼得·德鲁克（已故）和汤姆·彼得斯，亚洲有大前研

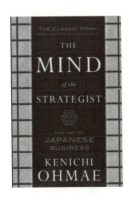

英译版：*The Mind of the Strategist*
（初版 1975 年）

一，而欧洲大陆则没有能与之相匹敌的思想领袖。"《经济学人》杂志还在 1993 年的思想领袖专题中将大前研一选为全世界 17 位思想领袖之一，在 1994 年的专题中，这一范围被缩小到 5 人，大前研一仍然位列其中。

在 2013 年的"Thinkers50"（被称为"管理思想界的奥斯卡奖"，每两年评选一次，选出尚健在的最具影响力的管理思想家。德鲁克、波特、克里斯坦森、普拉哈拉德等人都曾名列第一）中，大前研一与野中郁次郎（代表作《知识创造公司》）一同入选为殿堂级思想家。

概要

大前氏认为，"战略思考"就是搞清楚事物的本质。

思考的本质，即战略思考的根本，就是对乍看起来杂乱无章（浑然一体）的事项进行分析，将杂乱无章的事项中各个有意义的

作者简介

大前研一（Kenichi Ohmae）

1943 年出生，毕业于早稻田大学理工学部，在东京工业大学院原子力工学科取得博士学位。曾在日立制作所核能开发部担任工程师，1972 年进入麦肯锡顾问公司，历任日本分公司社长、总公司总经理、亚太地区董事。1994 年离职。1996 年开设创业者培训学校"Attackers Business School"。2005 年开设日本第一个实施远程教育的商学院"Business BreakThrough"，担任校长。

部分组合成对自己最有利的状态，然后开始行动。

当想要打网球的时候，花上一整天的时间坐车前往伊势志摩国立公园，在当地住一晚，第二天打一上午网球，下午2点30分坐巴士返程，晚上9点回到东京，这个计划如何呢？

如果只是想打网球的话，肯定是在东京找个网球场最好。但是，如果想在大自然中享受打网球的乐趣的话，那情况就不一样了。要是还有和朋友一起旅行并且享受旅途中交流的需求的话，还要加入完全不同的价值判断基准。

将上述浑然一体的事项分解成许多部分，对每一个要素进行充分的理解，这就是"战略思考"。而要想做到"战略思考"，就必须将排除一切感情影响的"冷静"分析和"经验、直觉以及思考力"组合起来。

另一方面，在对事物的本质进行思考时，不一定每次都能把握住问题的核心部分。我认为这与对待问题的态度和方法有关系，在开始分析问题的时候，最重要的一点就是将提问方法与解决方法联系起来。

比如，某公司经常出现加班的情况，像"晚上5点之后强制熄灯逼迫员工回家""缩短午休时间"这样的解决办法不管提出多少都不可能解决问题，因为这种提问方法根本没有和解决方法联系起来。

在这种情况下，如果将提问改变为"我们公司当前的员工数量是否不足以应对当前的工作量"，那么就可以对这一问题进行肯定与否定的验证。如果答案是肯定的，那么就不是员工数量有问题，而是工作方法有问题。也就是说，解决问题的关键不是提出与改善办法相关的设问，而是与解决办法相关的设问。

对于现实中的企业来说，需要处理的问题堆积如山，根本没有足够的资源去实施所有的改善方案。正因为如此，必须从大量的改善方案中找出最具有效果的方案。

综上所述，在思考复杂的企业战略时，最需要的不是时下最流行的工具和框架，而是通过自己的思考把握事物的本质。

重要内容

◇制订战略计划时，必须遵循的 4 个重要思想：

①一旦实现战略目标后，就必须保护住成果。

必须实现一定程度的可持续性。比如，"就算暂时牺牲一部分收益，也要获取市场占有率，然后获取更大的收益"这一战略目标就有一个隐藏的前提，即保护住已经获取的市场占有率。也就是说，如果为了保护市场占有率而需要继续投入资金的话，就违背了最初的战略逻辑，获取市场占有率的竞争也变得毫无意义。

②要预知市场的结构变化并及时应对，必须了解自身的长处和弱点。

如果能够按照法人—个人、国内—国外、大型—小型、老年人—年轻人等标准对自己公司的市场进行分析，那么在市场占有率出现变化的时候就能够量化哪些市场受到了影响。在这种情况下，必须找出对自己公司的战略计划最有意义的切入口，及时地应对市场的变化。这也是把握自身弱点并加以应对，同时抓住竞争对手弱点的绝佳机会。

③真正的战略家不能规避风险，必须敢于挑战风险。

任何战略计划都不可能排除风险。如果不想冒险，就只能采取提高效率和削减成本等改善的方法，但几乎所有的企业平均每几年就会面临一次战略抉择。对于效率改善无法应对的变化，只有战略改善才能解决问题。

这一点不只适用于企业战略，也同样适用于组织与人事改革。大企业拥有非常复杂的要素和脉络，在绝大多数情况下，缓慢的改革基本上是不可能的。因此，事先考虑周到并悄悄地做好准备，然后再一口气将改革完成的做法，可以将混乱的情况减到最少。如果只是理清脉络就要花上 10 年时间的话，又怎么能够在市场竞争中取胜呢？

④最后给战略赋予灵魂的是人和管理方法。

优秀的战略应该能够明确的把握整体情况，像美丽的故事一样和谐。在此基础之上，最重要的是对战略方向和内容有深刻地了解，能够充分发扬战略精神。

《新装版 企业参谋》目录 体系图

战略思考的重要性

（并非作为知识的"战略"论）

活用战略思考的经营计划

第二章

逻辑思考

明托《金字塔原理》

第一章 一般管理

第四章 人(HR·组织行动)

第五章 物(营销)

第六章 钱(会计·财务)

第七章 战略

第三章
技术管理·
企业家精神

第二章
逻辑思考

48

关于逻辑思考 / 批判性思维的体系书

《金字塔原理》

提高解决问题能力的金字塔原理

The Pyramid Principle

芭芭拉·明托（著）

Globis Management Institute（监修）
山崎康司（译）
钻石社
价格　　2800 日元

①金字塔结构
②因果关系
③ MECE
④逻辑树

功能分类

一般管理	○
逻辑思考	◎
技术管理·企业家精神	○
人（HR·组织行动）	○
物（营销）	○
钱（会计·财务）	○
战略	○

职位分类

基层	中层	高层
◎	○	○

流传下来的原因

对所有商务人士来说，本书是必不可少的关于理论思考技术的
"圣经"。每一位商务人士都需要通过文章来向上司、顾客、部下
或者同事通俗易懂地传达自己的意见，但很多人都欠缺这种能力，
不是表达的意思和自己心里所想的完全相反，就是难以让对方搞清
楚文章的内容。

本书是曾为包括麦肯锡在内的全世界各大管理顾问公司进行过
培训的芭芭拉·明托，根据自身的经验总结出来的最有效的文章制
作方法。

概要

人在阅读文章的时候，大脑为了加深理解会自动地将信息整
理成金字塔的形状。因此，要想让对方更好地理解文章中的内容，

原著: *The Pyramid Principle*
(初版 1996 年)

在制作文章的时候就应该将想要传达的信息按照金字塔的方式排列。

也就是说，首先要从整体的概要开始，然后在概要之下将其他信息合理地以自上而下的形式按照金字塔的形状进行排列。在实际写文章的时候，可以通过以下3点来检查自己的文章是否符合金字塔结构：

①不管在哪个层级上，这条信息都是其下方分组的概要。

②各个分组内的信息都属于同一种类。

③各个分组内的信息都按照逻辑顺序排列。

金字塔的内部结构中最重要的几点分别是：关键点与辅助点之间的纵向关系（因果关系）；辅助点之间的横向关系；序言部分以讲故事的形式展开。所谓序言部分以讲故事的形式展开就是"状况"→"复杂化"→"疑问"→"解答"。也就是说，首先向对方解释已知的状况（例：开始新事业），这个时候对方基本

作者简介

芭芭拉·明托（Barbara Minto）

出生于美国俄亥俄州克利夫兰市。在哈佛商学院毕业后成为麦肯锡顾问公司第一位女性管理顾问。凭借出色的资料制作能力被调派到伦敦分公司，专门负责指导欧洲员工报告的制作方法。1973年成立明托国际公司（Minto International Corporation）。向商务人士传授利用金字塔原理制作、分析以及发表报告和资料的方法。迄今，明托已为美国、欧洲、澳大利亚、新西兰和中东等国家和地区的绝大部分主要的管理咨询公司和许多大公司讲授过《金字塔原理》，并将它引入到哈佛商学院、斯坦福商学院、芝加哥商学院、伦敦商学院以及纽约州立大学等著名院校。

上都会产生"这件事我已经知道了"的想法。紧接着提出关于这一状况的逻辑矛盾和问题（例：新事业有很多问题），让对方产生疑问（例：应该怎么做），最后通过你的文章来对这个疑问给出解答。

本书的最后指出，在具体的实践上还需要时刻注意以下 4 点：

①分组内的信息顺序是否正确（时间顺序、结构顺序、重要性顺序）。

②解决问题流程的具体根据是什么。

③自己想法的概要信息是什么。

④这篇文章是否能够表达自己的想法。

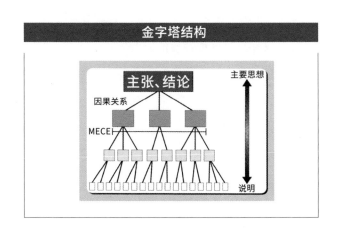

重要内容

◇进行说明的时候，首先要将整体的概要总结出来，然后再逐一进行说明。

◇不管在哪一个层级上，都可以按照以下 3 点来对文章和发言是否合适进行检查：

①这条信息都是其下方分组的概要。

②各个分组内的信息都属于同一种类。

③各个分组内的信息都按照逻辑顺序排列。

◇在开篇的序言部分，以讲故事的形式将对方已经知道的情况传达出来非常重要。首先描述状况，然后描述其中发生的复杂化情况，接着描述由此产生的疑问，最后通过这篇文章给出针对疑问的解答。

◇演绎法一般以三段论的形式表现，即根据两个前提得出结论的论证形式。比如，"鸟在天上飞"→"我是鸟"→"所以我在天上飞"。

◇归纳法是根据一类事物的部分对象具有某种性质，推出这类事物的所有对象都具有这种性质的思考方法。比如，"法国军队在波兰国境""德国军队在波兰国境""俄罗斯军队在波兰国境"→"波兰遭到侵略"。

◇分组内的信息按照以下 3 种逻辑顺序之一展开：

①根据结果寻找原因（时间顺序）。

②将整体变成部分（结构顺序）。

③将类似的事物分组（重要性顺序）。

◇解决问题的过程按照以下 5 个步骤进行。也就是说，在思考解决问题的方案之前，要首先找出问题的原因：

①问题是什么？

②问题存在于何处？

③问题为什么存在？

④我们能做什么？

⑤我们应该做什么？

◇在制作概要信息的时候，首先要思考自己想要制作的文章的种类。比如，这篇文章的目的究竟是想让对方采取某种行动，还是想向对方说明某种问题。

《金字塔原理》目录　体系图

1. 金字塔结构的原理

2. 金字塔结构的实践

第Ⅲ部分　解决问题的逻辑	第Ⅳ部分　演示的逻辑
金字塔结构的实践	
问题的定义及前提是什么? 第 8 章　界定问题	强调的具体技巧 (多级标题法、下划线法、小数编号法、行首缩进法) 第 10 章　在页面上反映金字塔
结构性分析问题的过程 第 9 章　结构性分析问题	臆造图像、将图像复制成文字 第 11 章　在字里行间反映金字塔

附　录

附录一
无结构情况下解决问题的方法

分析性外展推理
・演绎法
・归纳法
・外展推理法

科学性外展推理
・提出假设
・设计实验

附录二
本书要点汇总

第 1 章~第 9 章
(第 10 章~第 11 章是表现方法)
的重点概要

第三章

技术管理·企业家精神

克里斯坦森《增补修订版 创新者的窘境》
克里斯坦森、雷纳《创新者的解答》
克里斯坦森、安东尼等《创新者的最终解答》
蒂蒙斯《创业学》

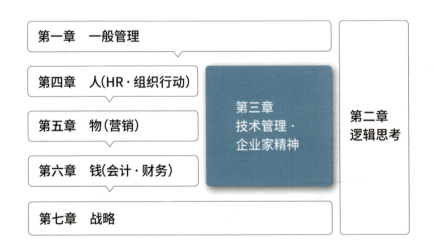

第一章　一般管理

第四章　人(HR·组织行动)

第五章　物(营销)

第六章　钱(会计·财务)

第七章　战略

第三章
技术管理·
企业家精神

第二章
逻辑思考

关于技术管理（MOT）领域创新的发现

《增补修订版 创新者的窘境》

当技术创新毁灭大公司之时

The Innovator's Dilemma

克莱顿·克里斯坦森（著）

玉田俊平太（监修）
伊豆原弓（译）
翔泳社
价格　　2000 日元

①技术管理
②创新
③企业家

功能分类

一般管理	
逻辑思考	
技术管理·企业家精神	◎
人（HR·组织行动）	
物（营销）	○
钱（会计·财务）	
战略	○

职位分类

基层	中层	高层
△	△	◎

流传下来的原因

仅凭技术进步和非持续的创新不一定能够改变市场与企业的排名顺序。通过最具代表性的例子证明上述观点的人，正是哈佛商学院教授克里斯坦森。

他的"破坏性创新"理论已经通过诸多行业中市场和企业顺序遭到破坏的实例得到了有力的证明，他发表的论文也获得了很多奖项，他本人也得到了全世界的认可，被看作是与迈克尔·波特齐名的能够代表哈佛甚至世界的顶级管理思想家。

本书出版于 1997 年，堪称第一本将"创新"看作管理战略而非技术战略的名著。

本书从大企业的角度出发，思考如何抵御来自新兴企业的威胁。但反过来看，本书也给新兴企业提供了颠覆现存大型企业的灵感与提示。事实上，苹果公司的史蒂夫·乔布斯以及亚马逊的杰夫·贝佐斯都是本书的忠实读者。

原著: *The Innovator's Dilemma*
（初版 1997 年）

概要

许多绩优企业都在管理上尽心尽力，但盲目的努力却有可能导致自身的衰败甚至灭亡。也就是说，倾听重要顾客的声音，对收益率最高的领域持续进行投资，乍看上去是非常合理且健康的经营方式，却严重地阻碍了创新。

事实上，在硬盘行业总共出现过 6 次尺寸变化，其中 4 次不但改变了行业内企业的排名，甚至使曾经的领先企业被迫退出甚至落得被收购的悲惨下场。这些领先企业之所以无法及时做出应对，就是因为新规格对旧规格实现了"破坏性的创新"，也就是说，无关乎技术进步了多少，仅仅因为性能指标（人们用以评价产品的标准）的变化，游戏的规则就发生了彻底的改变。

由 20 世纪 90 年代之后日本企业的发展中可以看出，基于对现有技术进行改良的高性能产品未必就一定能够控制市场。而即便品质不佳、性能单一的产品，但只要拥有新的技术，就可以通过"破坏性创新"席卷整个市场。

作者简介

克莱顿·克里斯坦森（Clayton M. Christensen）1952 年出生。哈佛商学院教授。以第一名的成绩从杨百翰大学经济学系毕业后，又取得牛津大学经济学硕士学位以及哈佛商学院 MBA 学位。毕业后在波士顿咨询公司担任顾问和项目经理，同时兼任一家高科技制造公司的董事长兼总裁。他在哈佛商学院创作的博士论文获得最佳学术论文奖以及麦肯锡奖。他本人也成为继德鲁克和波特之后获得麦肯锡奖次数最多的人。

克里斯坦森将"破坏性创新"看作是组织能力（Organization skills）的问题。他认为，以传统的改善为基础，在企业内部进行决策的做法不可能实现破坏性创新，因此也无法应对竞争对手带来的破坏性创新，最终只能落得一败涂地的结果。

绩优企业无法对破坏性技术进行投资的原因包括以下3点：

①破坏性产品低价格、低利润。

②破坏性产品的目标市场很小。

③对于绩优企业来说，非常重要的顾客群体对破坏性技术没有需求。

事实上，越是成功的企业越容易被顾客的意见所左右，也越容易将资源投入到高收益、高附加价值产品的设计与开发上。但这样一来，在低价格领域就产生了空白，让采用破坏性技术的竞争对手有了参与进来的机会。

本书为读者提供了找出和适应破坏性创新的视角，并提出了应对突破性技术的5项原则，而经营者需要遵循这些原则找出应对破坏性技术的方法。

克里斯坦森与厄特巴克等传统的创新理论对比		
判断基准 分类	克里斯坦森的分类 重视"性能指标"的变化	阿伯纳西与厄特巴克分类 （狭义）技术进步的轨迹
持续性创新	"持续" （传统的品质轴"高性能"）	持续（根本创新） 非持续（渐进创新）
破坏性创新	"非持续" （自定义性、便利性、低价格等）	持续（根本创新） 非持续（渐进创新）

重要内容

◇绩优企业之所以从行业第一的宝座上跌落，并不是因为竞争对手持续性的技术进步，而是因为出现了乍看上去毫无优势且品质也不高的解决办法的新兴企业，且绩优企业无法应对新兴企业带来的挑战。

◇新兴企业拥有的技术能够引发"新兴顾客"群体开始追求"破坏性创新"，而与之相对的，绩优企业则为了满足"重要顾客"的需求，必须不断为了提高现有产品的性能而努力，以"持续创新"来一决胜负。

◇新兴企业一旦凭借低性能、低价格的产品成功获取一定的市场份额，就可以将获取的利润投入到技术开发上，对产品进行改善，这样一来，新兴企业迟早会向绩优企业的市场发起冲击，拥有低成本结构的新兴企业也能一口气将曾经的领先企业赶下宝座。

◇硬盘市场的案例。

硬盘的尺寸从14英寸、8英寸、5.25英寸到3.5英寸，一直在不断变小。

在硬盘行业的几次尺寸变化之中，曾经的领头企业在其中4次竞争中落败。

尽管在硬盘容量、每MB的成本、性能这三项顾客重视的需求方面，绩优企业的现有产品全都不如小型硬盘，但因为小型硬盘的单价、利润率都很低而被绩优企业所忽视。

新兴企业通过寻找不同的价值体系和客户群体，席卷了小型硬盘市场。

新兴企业一旦进入市场，就会通过提高现有的性能基准（硬盘容量、每 MB 的价格和存储速度等）来夺取上层市场，最终坐上行业第一的宝座。

◇破坏性创新的出现流程：

STEP1　破坏性技术首先出现于现有企业。

STEP2　市场负责人征求主要顾客的意见（但遭到拒绝）。

STEP3　绩优企业提高现有性能指标"持续性技术"的开发速度。

STEP4　通过新兴企业的不断试错，逐渐形成破坏性技术的市场。

STEP5　新兴企业进军上层市场。

STEP6　绩优企业为了留住顾客开始顺应时代潮流（但为时已晚）。

◇破坏性技术的原则：

①将资源交给拥有必要顾客群体的组织。

②将资源交给面向小型市场的组织。

③通过不断试错来寻找市场，避免在初期阶段投入大量资源。

④不要被成功企业的业务流程和价值基准所束缚。

⑤找出对破坏性产品有需求的市场并加以开拓。

64

《增补修订版 创新者的窘境》目录　体系图

**第 1 部分
绩优企业失败的原因**

对失败案例的研究（硬盘行业）

第 1 章　为什么绩优企业会失败？
第 2 章　价值体系和创新的推动力

**对失败案例的验证
（确认理论是否具有普遍性）**

第 3 章　机械挖掘机行业中的破坏性创新
第 4 章　上升了的东西不能下降

五项基本原则

**第 II 部分
如何应对破坏性创新?**

**①绩优企业依赖客户和投资者以
获得资源，实际上被顾客所支配**

第 5 章　按照用户需求开发破坏性技术

②小市场无法满足大公司成长的需要

第 6 章　组织规模要与市场规模相匹配

③无法对尚未存在的市场进行分析

第 7 章　找出新兴成长市场

**④组织的能力与组织内人才的能力
无关，与流程和价值基准有关**

第 8 章　分析什么是组织能做到的? 什么是组
织做不到的?

**⑤技术供给可能与市场需求不一致。
破坏性技术可能会产生巨大的价值**

第 9 章　产品所提供的性能、市场需要和产品
的生命周期

**五项基本原则
的适应案例**

第 10 章　破坏性创
新的管理

总结

第 11 章　创新者的
窘境

研究在技术管理（MOT）领域实现创新的方法

《创新者的解答》

经济不确定期的创新指南

The Innovator's Solution

克莱顿·克里斯坦森
迈克尔·雷纳（著）

玉田俊平太（监修）　樱井祐子（译）
翔泳社
价格　　2000 日元

 ①技术管理（MOT）
②创新
③企业家精神

功能分类

一般管理	
逻辑思考	
技术管理·企业家精神	◎
人（HR·组织行动）	
物（营销）	○
钱（会计·财务）	
战略	○

职位分类

基层	中层	高层
△	△	◎

流传下来的原因

　　在绩优企业为了改善现有的性能指标而努力进行"持续性创新"的时候，新兴企业却通过重视不同性能指标的市场实现了"破坏性创新"。《创新者的窘境》根据实际发生的案例，证明了对绩优企业来说，隐藏在创新之中的陷阱是真实存在的，并且给商业界带来了巨大的变革。本书就是这本商业"圣经"的续作。

　　在《创新者的窘境》中，作者对为什么绩优企业不得不将行业第一的宝座拱手让人以及为什么传统的"持续性创新"方法无法在竞争中获胜，都进行了非常详细的解释与说明。最终作者给出了一个十分重要的建议：面对破坏性创新不能与之对抗，必须思考适应的方法。

　　在《创新者的解答》中，作者对适应破坏性创新的方法以及自己身为当事人如何引发破坏性创新等具体内容进行了详细的解答。同时，作者还将破坏性创新在最初预测的"低端破坏"的基础上，又进一步追加了一个"新市场破坏"，并进行了更加深入

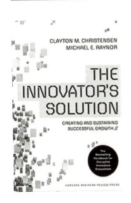

原著：*The Innovator's Solution*
（初版 2003 年）

的分析。

概要

正如标题所说，《创新者的解答》介绍的就是《创新者的窘境》的解决办法。绩优企业不能眼睁睁地看着市场被夺走，自己成为被破坏者，而应该主动成为破坏者，引发破坏性创新，开创新的成长事业。本书就针对于此提供了实现上述目标的"破坏性创新的管理方法"。

也就是说，企业不应该在处于饱和状态的现有市场中进行激烈的竞争，而应该通过与之前完全不同的视角，基于完全不同的价值体系唤起新的需求，最终成功进入具有极大发展潜力的市场中。针对上述观点，本书通过大量的真实案例展开了非常具有说服力的讨论。

本书还对究竟应该做出怎样的决策进行了说明。比如，为了战

作者简介

克莱顿·克里斯坦森（Clayton M. Christensen）
参见前文《增补修订版 创新者的窘境》

胜竞争对手应该开发什么样的产品？这款产品应该针对什么顾客群体进行营销？从生产到流通的全套价值链，哪些部分应该在公司内部处理，哪些部分应该外包出去？

在介绍"破坏性创新的管理方法"时，作者强调了活用不同战略计划流程进行决策的重要性。也就是说，不能只采取静态的"慎重战略（Deliberate strategy）"，还需要根据环境的变化改变判断和行动的"应急战略（Emergency strategy）"。

重要内容

◇不应对战略进行管理，而应对"慎重战略"和"应急战略"这两个战略发展流程进行管理。

◇所谓"慎重战略"，就是通过慎重的思考，基于数据分析自上而下执行的战略发展流程。

◇而"应急战略"则是指由执行日常业务的员工自下而上执行

作者简介

迈克尔·雷纳（Michael E.Raynor）
1967 年出生，德勤研究院的主管之一，在电子通信、媒体、计算机硬件与软件、金融服务、能源、健康服务等领域提供管理顾问服务。加拿大安大略省伦敦市理查德·毅伟商学院教授，讲授 MBA 及管理者培训项目。拥有哈佛大学哲学学士学位、毅伟商学院 MBA 学位、哈佛商学院 DBA 学位。

的战略发展流程。"慎重战略"主要用来解决无法预测的情况，在不确定将来发生什么情况或者担心一直以来采取的战略难以发挥应有效果的时候，必须采取"慎重战略"。"假设指向计划法"就是实践这一战略的优秀方法之一。

◇传统的市场细分化（Market segmentation）流程可能会漏掉顾客最想解决的问题或最本质的需求，所以不应该只关注顾客的"属性"，而应该关注顾客的"状况（需求）"。根据状况进行分析，认清在这种状况下产品的真正竞争对手，并且在此基础上满足顾客的需求。

◇索尼就从"消费者真正需要什么"的角度出发，构筑起了电池式小型半导体收音机、随身听、便携式黑白电视机等12个新市场型破坏事业。

◇"破坏性创新"必不可少的组织能力。

克里斯坦森通过"RPV（资源、流程、价值基准）理论"找出了导致大企业无法战胜破坏性创新并陷入困境的真正原因，并且提出企业要想抓住事业机会获取成功，必须具备以下3种能力：

慎重战略与应急战略	
慎重战略（Deliberate strategy）	应急战略（Emergency strategy）
通过慎重的思考，基于数据分析自上而下执行的战略发展流程。	是由执行日常业务的员工自下而上执行的战略发展流程。

①拥有足够获取成功的"资源"。

②内部拥有容易实现成功的"流程"。

③拥有能够在诸多机会中将特定的机会放在优先顺位上的"价值基准"。

◇必须在本业一帆风顺的时候定期构筑新成长事业。

◇企业规模扩大后，要不断地分割出便于开创小型新事业的部门（小规模组织、低风险、快速决策）。

◇不要用现有事业的利润去弥补新成长事业的损失（预计早期就能够获取利益的新事业）。

《创新者的解答》目录　体系图

为了实现成长必不可少的九个决策

第1章　被迫成长
创新的黑匣子
(什么是带有方向性的执行力)

① 如何打败最强的竞争对手?

② 应该开发什么产品?

③ 什么样的初期顾客会成为未来发展的坚实基础?

④ 产品设计、生产、销售、流通所必需的活动，哪些应该在公司内部进行，哪些应该外包出去?

⑤ 怎样才能赚取高额利润，维持竞争优势地位?

⑥ 对于新事业来说，最合适的组织形态是什么?

⑦ 如何准确把握必胜战略的细节部分? 什么时候应该灵活一些，什么时候灵活反而会导致失败?

⑧ 什么样的投资对自己公司有利，什么样的投资对自己公司不利?

⑨ 为了维持成长，高管应该发挥哪些作用?

第 2 章　打败最强竞争对手的方法 ──────── 破坏性创新模型

第 3 章　客户希望购买什么样的产品? ──────── 市场细分化

第 4 章　我们的产品最适合哪些客户? ──────── 目标市场设定

第 5 章　选择正确的业务范围

价值链分析

第 6 章　如何避免商品化?

第 7 章　你的组织是否有能力实现破坏性成长? ──── 适合破坏性创新的组织

第 8 章　战略开发流程的管理 ──────── 决策流程

第 9 章　"钱"能载舟,亦能覆舟 ──────── 开发阶段投资的资金源

第10章　高管在领导新成长事业时所扮演的角色 ── 管理与领导能力

克里斯坦森"创新者三部曲"的最终章

《创新者的最终解答》

Seeing What's Next

克莱顿·克里斯坦森
斯科特·D. 安东尼 埃里克·A. 罗斯（著）

玉田俊平太（解说） 樱井祐子（译）
翔泳社
价格　　2200 日元

①技术管理（MOT）
②企业家精神
③破坏性创新

功能分类

一般管理	
逻辑思考	
技术管理·企业家精神	◎
人（HR·组织行动）	
物（营销）	
钱（会计·财务）	
战略	◎

职位分类

基层	中层	高层
		◎

流传下来的原因

本书是克莱顿·克里斯坦森"创新者"三部曲的完结篇。克里斯坦森凭借 1997 年出版的《创新者的窘境》一举成为战略创新领域的第一人，并在 2003 年出版的续作《创新者的解答》中又将破坏性创新分为低端破坏和新市场破坏两种类型，进行了更加深入的分析。本书作为三部曲的完结篇，于续作发表的第二年也就是 2004 年出版。

本书将前两部中叙述的理论应用于各行各业，揭示了对创新带来的破坏进行预测的方法。此外，书中还详细介绍了判断行业整体趋势的理论框架和商业机会存在于何处、如何判断竞争对手的实力、如何做出战略决策以及明确非市场要素的方法，可以说给读者提供了一个看透行业未来发展趋势的"望远镜"。

作为完结篇，本书是三部曲中最为系统化的一本，因为本书对前两部的内容都进行了简要的说明，所以也可以首先从本书开始阅读，如果想要详细了解内容，则可以参考前两部。

特别是本书前半部分的分析框架，不管是对于尽早发现竞争对

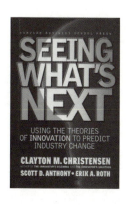

原著: *Seeing What's Next*
（初版 2004 年）

手破坏性创新的苗头，还是对于自己公司把握行业内可能获得的立足市场都有非常重要的作用。

此外，本书的日语版最早于 2005 年由兰登讲谈社以"明天属于谁 创新者的最终解答"为标题出版，2014 年翔泳社出版的是新译版。

概要

克里斯坦森最早在《创新者的窘境》中指出，"破坏性创新是无法预测的。"所以，他对于如何提高组织能力、切实获取破坏性创新带来的收益进行了非常详细的论述，而对于如何发现破坏性的征兆却只字未提。但后来他又表示，破坏性创新是"可以预测的"。而对这一预测框架进行系统化归纳的就是本书。

对破坏性的征兆进行预测为什么如此重要呢？

因为这关系到企业是否能够做好应对竞争环境变化的准备，是否能够主动引发破坏性创新。本书针对上述问题，以无消费者和过

作者简介

克莱顿·克里斯坦森（Clayton M. Christensen）
参见前文《增补修订版 创新者的窘境》

度满足消费者的理论为中心进行了论述。

《创新者的最终解答》出版于2004年9月。克里斯坦森在书中预测的潜在的破坏性创新在经过漫长的岁月之后如今大多成为现实。

克里斯坦森指出，要想对破坏性的征兆进行预测，必须经过以下4个分析阶段：

①寻找变化的信号。在这一阶段，需要思考是否有行业环境变化的信号，或者想要通过新方法获取消费者的企业所发出的信号。

②对竞争的情况进行分析。在这一阶段，应该把握竞争对手的经营状况，寻找拥有非对称性"剑与盾"的企业。

③思考战略选择。在这一阶段，需要进行重要的战略选择，决定究竟应该增加正确执行破坏性流程的机会还是减少。

④思考市场外的影响。在这一阶段，需要思考可能对创新造成影响的市场外的因素及其带来的后果。

连接三种顾客群体的三个事业机会

目标群体	事业机会	信号
1. 无消费者（没有能力与财力满足需求的群体）	新市场破坏性创新	·可以更方便地满足需求的产品与服务 ·新市场及新利用环境的爆发式成长
2. 不满足消费者（对商品性能感觉不满的群体）	持续性创新	·面向现有顾客群体的改良 ·统合型企业的成功与专门型企业的衰败
3. 过度满足消费者（不愿为进一步提高性能支付更多金钱的群体：对现有产品的性能十分满意）	低端破坏性创新	·出现以要求最低的顾客群体为对象的新商业模式
	可进行模块置换	·出现以主流顾客群体为目标的专门型企业
	拉近生产者与终端用户之间的距离	·出现规则与标准 ·产品与服务的提供者接近最终消费者

重要内容

◇寻找变化的信号。

·将目光对准破坏性创新中的"先进顾客"

最值得关注的不是高性能高端的先进顾客，而是破坏性创新中的先进顾客，也就是最早关注"新市场"或者"现有市场低端部分"的顾客。要想找出破坏性革新的征兆，向破坏性技术进行投资，就必须将目光对准存在于"新市场"和"现有市场低端部分"的先进顾客，从找出他们带来的机会，或者找出其他公司活用这一机会的"信号"开始。

·连接3种顾客群体的3个事业机会

克里斯坦森指出，要想准确把握行业变化的信号，必须对3种顾客群体进行分析：

①"无消费者"或者"无消费状态的顾客"能够引发新市场型破坏性创新的事业机会。

②"过度满足消费者"能够引发"低端破坏型创新"，低端破坏能够带来"模块置换"，低端破坏与新市场型破坏能够"拉近生产者与终端用户之间的距离"。

③"不满足消费者"能够引发传统的"持续性创新"。

也就是说，通过对"无消费者和无消费状态的顾客"以及"过度满足消费者"的状态进行分析，可以把握破坏变化的征兆，而对"不满足消费者"的状态进行分析，能够进一步发现持续性创新的可能性。

◇对竞争的情况进行分析。

·与竞争对手进行比较的关键在于非对称性

在把握了创新的征兆之后，接下来需要分析的就是竞争对手的优势，也就是搞清楚竞争对手的经营状况，寻找拥有非对称性"剑与盾"的企业并且对"竞争的激烈程度"进行分析。

◇思考战略选择。

第三阶段是思考战略选择。所谓战略选择，其实就是管理决策，要将关注的重点放在究竟应该增加正确执行破坏性流程的机会还是减少上。

这一阶段最重要的选择包括以下3项：

①新加入企业执行了错误的准备计划。

②新加入企业构筑了与现有企业重复的价值链（容易被现有企业吞并）。

③现有企业掌握了将资源集中起来活用与破坏的能力。

◇思考市场外的影响。

·创新的成功与市场外的环境变化

创新不只是自己公司、竞争对手以及顾客群体之类的市场问题，还与市场外的事业环境有着密切的联系。尤其不能忽视的就是政府和监管机构等市场外的因素。

创新成功的主要原因包括"动机"和"能力"两大因素，只要同时拥有这两点，就可以使绝大多数的创新"开花结果"。

·利用"动机／能力"框架时的3个阶段：

①基于当前企业的动机与能力，找出阻碍创新的屏障。

②确认屏障外的、市场外的参与者对动机／能力造成影响的措施。

③分析该措施的意义（是否能够消除屏障，促进创新）。

80

《创新者的最终解答》目录 体系图

创新征兆的预测与对应

不同行业的案例分析

第 II 部分　基于理论分析的真实案例

教育行业的创新预测

第 5 章　破坏的学位——教育的未来

航空行业的创新预测

第 6 章　破坏的机翼——航空的未来

半导体行业的创新预测

第 7 章　摩尔定律将走向何方
　　　　　——半导体的未来

医疗行业的创新预测

第 8 章　拯救臃肿的行业——医疗的未来

海外企业与国家的创新预测

第 9 章　海外的创新
　　　　　——基于理论对企业与国家的战略进行分析

通信的创新预测

第 10 章　切断电线——通信的未来

终章　结论——接下来是什么？

专门面向创业企业的体系书

《创业学》

从探索创业机会到融资的实践方法论

New Venture Creation

杰弗里·A. 蒂蒙斯（著）

千本倖生　金井信次（译）
钻石社
价格　　7800 日元

①企业家精神
②事业计划书

功能分类

一般管理	
逻辑思考	
技术管理·企业家精神	◎
人（HR·组织行动）	○
物（营销）	○
钱（会计·财务）	○
战略	○

职位分类

基层	中层	高层
△	△	◎

流传下来的原因

如果创业企业能够成功地扮演起开创新时代的角色，那么整个社会都能够实现全新的经济增长。因此，拥有企业家精神的创业者的存在尤为重要。

但是，正如从 1 到 100 的过程与从 100 到 10000 的过程完全不同一样，中坚企业与大企业在管理上也存在着巨大的区别。更何况从零开始创造一个企业，对创业者在管理能力上的要求可以说非常苛刻。

本书是在创业教育领域被公认为世界级权威的百森学院教授蒂蒙斯的名著，作为创业相关知识与经验的集大成之作，本书得到全世界许多商学院的极高评价。本书通过大量的真实案例，对创业的历史、知识以及实践进行了详细的讲解，可以说为广大创业者提供了一条取得成功的公式。除了创业者之外，本书也能对投资家、律师、管理顾问等职业人士提供非常重要的指导帮助。

原著: *New Venture Creation*
（初版 1997 年）

概要

　　本书从创业机会评估开始，涵盖经营管理能力与技术的分析和练习、制订创业计划所必需的资源分析、制订创业计划前后的财务战略和创业后的经营管理等内容，堪称将创业相关的"从开始到结束"全部知识一网打尽的集大成之作。

　　在练习部分，本书收录了大量能够应用于实践中的理论模板，可以使读者在学习理论的同时对创业流程进行模拟体验。

　　本书作为一本囊括大量理论与具体实践和模板的体系书，以"绝大多数的创业企业都被市场所淘汰"即"失败是无一例外的法则"为基础，从非常现实的角度出发展开论述。

重要内容

　　◇创业企业的两年生存概率为 73%，6 年生存概率为 37%，10 年生存概率为 9%。

　　◇思考（逻辑）与行动模式对企业家精神非常重要。

作者简介

杰弗里·A. 蒂蒙斯（Jeffry A. Timmons）
1942 年出生，2008 年去世，百森学院教授。在哈佛商学院取得 MBA 及博士学位。凭借在创业学领域的研究和成果广为人知。在哈佛以及柏森学院任教的同时，还作为创业者、投资家及董事长向诸多财团与基金提供建议。

◇创业机会不是想出一个创意，而是建立起一个能够向顾客提供具有高附加价值的产品和服务的流程。

◇创新技术虽然是创业成功的必要条件，但却不是充分条件。创业中最重要的是创业者及管理团队。

◇对于创业企业的管理团队来说，团队合作非常重要，通过团队合作可以使每一位团队成员的工作变得更加容易，合伙人与主要成员还会成为英雄。

◇身兼重任的团队成员必须拥有长远的考虑，知道创业并不意味着一夜暴富。

◇团队成员的责任在于，通过创造价值使与团队存在利益关系的所有人都能够获取利益。

◇用来团结管理团队的激励政策主要依赖企业价值的构筑与投资收益。

◇财务战略由企业与创业者的目标、资金需求以及可利用资金的筹集方法决定，融资方法由交涉能力和融资活动的管理能力决定。

◇筹集风险资本时需要考虑的内容包括：外部股东资本的必要性、创业者对外部股东资本的看法、供给资金的来源。

六种企业家精神

1. 责任感与坚定的态度
2. 领导能力
3. 对创业机会的执着
4. 对风险及不确定性的容忍度
5. 创造性、自主性、适应力
6. 对一流的追求

◇进行融资的交涉时需要考虑的课题如下：

①共同销售条款。

公开募股前投资者可以转让所有股份，如果与后期投资的投资者产生利益纠纷，会削弱创业者的融资能力。

②反稀释条款。

当股份以比当初收购时更低的价格转让时，前期投资的投资者有权免费获取股份，虽然从投资者的角度来看这项条款很有保护性，却忽视了最后的融资决定价格与交易结构这一现实。

③股权清洗融资。

在现有的优先股东不进行增资（追加投资）的情况下，大量的融资会导致所有的投资者和创业者的股份稀释。

④强制收购。

经营层在一定时间内没有找到买家的情况下，或者无法公开募股的情况下，投资者可以根据事先约定好的条件寻找买家。

⑤强制公开募股权。

在 3~5 年的时间内，投资者拥有一次要求 IPO（首次公开募股）的机会。

⑥公开募股借售条款。

赋予投资者通过 IPO 卖出股份的权利。通常由股票交易机构决定执行。

⑦ IPO 风险补偿条款。

一旦 IPO 失败，投资人有权要求目标公司以不低于投资价格的价格回赎其所持股权。

⑧关键人物保险。

目标公司必须强制关键人物参与人身保险。受益人为公司或优先股东。

《创业学》目录 体系图

第四章

人（HR·组织行动）

贝尔、斯派克特等《人力资源管理》
罗宾斯《组织行为学精要》
斯宾塞等《才能评鉴法：建立卓越绩效的模式（完全版）》
圣吉《第五项修炼》
科特《领导变革》

第一章　一般管理

第四章　人(HR·组织行动)

第五章　物(营销)

第三章
技术管理·
企业家精神

第二章
逻辑思考

第六章　钱(会计·财务)

第七章　战略

关于人力资源管理（HRM）评价基准的体系书

《人力资源管理》
哈佛商学院教材
Managing Human Assets

M. 贝尔　B. 斯派克特
P.R. 劳伦斯　D.Q. 米尔斯
R.E. 沃尔顿（著）

梅津祐良　水谷荣二（译）
生产性出版
价格　　2500 日元

① HRM（人力资源管理）
②报酬制度、职务制度
③流入、内部流动、流出

功能分类

一般管理	○
逻辑思考	○
技术管理·企业家精神	○
人（HR·组织行动）	◎
物（营销）	
钱（会计·财务）	
战略	○

职位分类

基层	中层	高层
△	◎	○

流传下来的原因

这是哈佛初次将"人力资源管理（HRM= Human Resource Management）"作为必修科目时采用的教科书原典。

在人员与组织的领域，虽然研究工作积极性和领导能力的组织行为学已经被作为 MBA 的必修科目，但晋升制度、报酬制度、培训制度、退休管理制度等都被看作是将个别制度统一到一起的制度（硬件）管理。也就是说，对这些个别制度进行管理的"人员管理（Personal management）"只被看作是管理工具之一。

而首次将这些作为硬件的制度与"HRM 组织行为"的软件部分组合到一起，强调将人员与组织的领域系统化并应用于管理之中的就是本书。本书还特别指出，在管理战略中起决定性作用的 3 要素"人员""物资""金钱"之中，只有"人员"是带感情的，是能够控制另外两项要素的主角。

在对"人员"以及组织进行管理的时候，不能完全依赖人事部门，每一位管理者都应该在日常工作中对 HR 的管理有一定的

原著：*Managing Human Assets*
（初版 1984 年）

理解，并且主动进行实践。本书并非单纯讲述制度的合集，而是对作为管理战略核心的人力资源管理进行系统化介绍的"圣经"，非常详细地阐述了与经营管理密切相关的人员和组织的重要性。本书自出版至今经过 30 余年，经久不衰，毫无疑问是永远的名著。

概要

本书与绝大多数理论书籍的不同之处，在于没有将 HRM（人力资源管理）单纯地看作对人事与劳务的专门管理，而是将其看作管理中最重要的资源，把它放在战略的中心位置，并对其进行系统化的归纳与总结。也就是说，本书在将组织行为、组织开发、劳务管理、人事管理等理论进行统合的同时，又从一般管理的视角出发对其进行了总结。

作者简介

迈克尔·贝尔（Michael Beer）
哈佛商学院教授。皇后学院学士、北卡罗来纳州立大学硕士、俄亥俄州立大学博士，康宁公司组织 R&D 部门经理。1975 年进入哈佛商学院担任教授。管理学院理事、GTECH 董事长，同时向 500 强企业提供管理顾问服务。著有 *Breaking the Code of Change*（Harvard Business School Press 共著）*The Critical Path to Corporate Renewal*（Harvard Business School Press 共著）等多部著作。

本书将 HRM 分为以下 4 个领域：

①员工带来的影响。

②人力资源流动。

③报酬系统。

④职务系统。

之所以"员工带来的影响"被放在第一位，是因为本书的作者迈克尔·贝尔等人认为，"应该对在经营管理中发挥重要作用的员工给予足够的重视。"他们首先画了一个三角形的概念图，三角形的 3 个顶点位置分别是人力资源流动（流入、内部流动、流出）、报酬系统、职务系统，而位于三角形中心的就是员工带来的影响。

这 4 个领域都是基于企业战略的人力资源管理，任何一种 HRM 系统的体系都与包括员工在内的事业战略及其条件、管理理念、劳动市场、劳动组合、职务技术、法律和社会价值观等密切相连，只要上述前提发生了改变，那么 HRM 系统也应该随之改变。

从实际角度出发，明确以下 6 点十分关键：

①如何对自己公司的 HRM 制度进行分析，对长期或短期的结果进行预测，应该如何对制度进行改变。

②如何将 HRM 制度整合进整个公司的竞争战略之中。

③如何创建让员工积极参与进来的体制。

④如何构筑和管理让员工融入组织内部的人才流动渠道。

⑤应该通过怎样的报酬系统来支撑 HRM 制度的变化。

⑥应该通过怎样的职务系统来提高员工的能力和工作积极性。

重要内容

◇股东利益。

企业是拥有多个存在利害关系的集团的小世界，各个集团之间既有协调的时候也有对立的时候。

◇ HRM 制度的选项。

人事与劳务管理所包含的各种活动可以系统化地分为 4 个领域，但对这些内容进行准确把握和运用并不是人事的责任，而是管理者的职责。

◇把握 HRM 制度的成果。

要想知道 HRM 的各项制度是否提高了企业的业绩、员工的福利以及社会的福利，需要对以下 4 点进行分析：

①员工的工作积极性。

②能力。

③整合性。

④成本效果。

HRM 活动的四个领域	
1. 员工带来的影响	针对员工对企业目标、劳动条件、职位开发等问题造成的影响制订相应的制度。
2. 人力资源流动	对流入（雇佣）、内部流动（晋升、调动、能力开发）、流出（退休、辞职）承担相应的责任、向管理者提供协助。
3. 报酬系统	针对企业想要维持怎样的组织状态，员工应该采取怎样的行动、具备怎样的态度等问题提出明确的要求。
4. 职务系统	管理者必须通过职务定义和设计来实现组织化。

《人力资源管理》目录 体系图

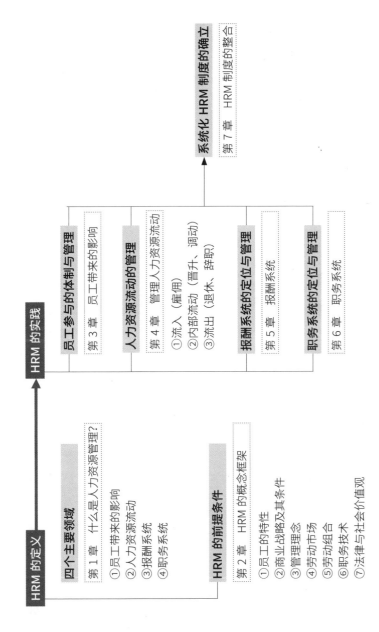

HRM 的定义

HRM 的实践

系统化 HRM 制度的确立

四个主要领域

第 1 章 什么是人力资源管理?
①员工带来的影响
②人力资源流动
③报酬系统
④职务系统

HRM 的前提条件

第 2 章 HRM 的概念框架
①员工的特性
②商业战略及其条件
③管理理念
④劳动市场
⑤劳动组合
⑥职务技术
⑦法律与社会价值观

员工参与的体制与管理

第 3 章 员工带来的影响

人力资源流动的管理

第 4 章 管理人力资源流动
①流入 (雇佣)
②内部流动 (晋升、调动)
③流出 (退休、辞职)

报酬系统的定位与管理

第 5 章 报酬系统

职务系统的定位与管理

第 6 章 职务系统

系统化 HRM 制度的确立

第 7 章 HRM 制度的整合

组织行为学领域的体系书

《组织行为学精要》

从入门到实践

Essentials of Organizational Behavior

斯蒂芬·P. 罗宾斯（著）

高木晴夫（译）
钻石社
价格　　2800 日元

①组织行为学
②领导能力

功能分类

一般管理	○
逻辑思考	
技术管理·企业家精神	○
人（HR·组织行动）	◎
物（营销）	
钱（会计·财务）	
战略	

职位分类

基层	中层	高层
△	◎	○

流传下来的原因

本书将一直以来在行为科学领域都被单独讨论的企业中的组织行为进行了系统化的整理，分别对单独的"个人"，作为个人集合体的"群体"，以及作为群体集合体的"组织"进行了分析，将组织行为中的动机、组织活力、组织文化、交流、冲突、权力等进行了整合，堪称组织行为学领域的"圣经"。

概要

改善品质与生产效率、掌握改善人际关系的技能、通过权变进行权限转让、激励部下、应对全球化、引发变革等都属于组织行为学所涉及的管理领域。

本书针对工作这一行为，基于研究人和组织如何行动的"组织行为学"，对能够应用于组织内的概念和理论进行了系统化的说明。

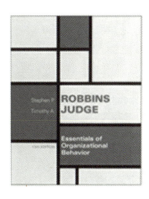

原著: *Essentials of Organizational Behavior*
（初版 1997 年）

因此，在采取行动的时候必须重视说明（为什么会变成这样）、预测（将来会变成什么样）、控制（应该怎么做）这三点，加深自己对行动的理解。

另外，在对行动进行思考时也可以大致按照以下 3 个层级分别来进行：

①个人。

②群体（个人的集合）。

③组织（群体的集合）。

此时可以将重点放在组织结构、职务设计、业绩评价以及报酬系统如何在各个层级中发挥作用上。本书还对"如果将集团只看作针对个人的管理的集合、将组织只看作针对集团的管理的集合就无法做出合适的应对"等组织行为学的具体构造的精髓进行了说明。

作者简介

斯蒂芬・P. 罗宾斯（Stephen P. Robbins）
先后在内布拉斯加大学、协和大学、巴尔的摩大学等高校任教。在亚利桑纳大学获得博士学位。其著作《管理学（第 5 版）》《管理学基础》《组织理论（第 3 版）》等，被美国上千所大学以及世界各国的上百所大学选为教材。

重要内容

◇在对组织文化的区别进行分析时，可以从以下6点入手：

①与环境之间的关系。

②对待时间的态度。

③人类的本质。

④活动的导向性。

⑤责任的焦点。

⑥空间的认知。

◇人格包括以下5个模型：

①外倾性。

②随和性。

③责任性。

④情绪稳定性。

⑤经验的开放性。

◇关于激励理论，马斯洛的五阶段需求理论、X-Y理论、双因素理论是最著名的三个理论基础。在此之后，虽然还有通过魅力、业绩与报酬的关系、努力与业绩的关系这三个变量对综合性激励进行说明的期望理论，但究竟哪一种激励理论最有效，还是受文化差异的影响。

◇人加入群体的理由大致可以分为以下6点：

①安心感。

②社会地位。

③自尊心。

④亲密性。

⑤力量。

⑥实现目标。

◇虽然关于领导能力的理论至今仍然没有定论，但主要分为 4
种理论。应用范围最广的是状况适应理论，不过对被认为已经走进
死胡同的特性理论（特别是对于魅力型领导），现在还是争论不休。
在学习这部分的时候，关键在于理解被批判的理论为什么遭到批
判，究竟是什么地方存在缺陷。

◇所谓冲突，就是"A 下意识地通过某种形式的妨碍，使 B
无法达成目的或获得利益的过程"，大致可以分为以下 3 种类型：

①任务型冲突。

②关系型冲突。

③过程型冲突。

◇冲突的好坏主要由结果决定。结果分为生产性冲突和非生产
性冲突。区分结果的并非个人，而是要看最终结果对群体来说究竟
是生产性的还是非生产性的。

◇组织结构主要由以下 6 个要素组成：

①工作专业化。

②部门化。

③指挥链。

④管理幅度。

⑤集权与分权。

⑥正规化。

应该根据具体的状况采取合适的结构设计。

◇企业的业绩评价和报酬制度会给员工的态度和行动带来巨大的影响。评价基准由个人业务成果、行动、特性、评价人或评价手段决定。

◇评价的潜在问题大致包括以下6点：

①单一基准问题（基准分配不适当）。

②宽厚误差问题（评价者不同）。

③光环误差问题（某一个基准的特性对其他特性的评价产生影响）。

④偏见误差问题（以评价者个人的偏见或者偏好进行评价）。

⑤低文化误差（评价记录过于潦草）。

⑥非业绩基准一致化问题（对本来的基准任意进行调整）。

◇组织文化由各组织内的特性组成，大致包括以下7个变量：

①创新与冒险。

②注重细节。

③结果导向。

④人际导向。

⑤团队导向。

⑥进取心。

⑦稳定性。

◇组织变革的过程如下：

解冻（提出问题并在组织中共享）→移动（采取行动达到期望的新状态）→再冻结（让新状态保持下去）。

《组织行为学精要》目录　体系图

组织行为学

第 1 部分　组织行为学入门

第 1 章　什么是组织行为学？

个体

第 II 部分　组织中的个体

第 2 章　个体行为的基础
第 3 章　人格与情绪
第 4 章　基本激励理论
第 5 章　激励：从理论到实践
第 6 章　个体决策

群体　个人的集合

第 III 部分　组织中的群体

第 7 章　群体行为的基础
第 8 章　工作团队
第 9 章　沟通
第 10 章　领导力
第 11 章　权力与政治
第 12 章　冲突与谈判

组织　群体的集合

第 IV 部分　组织系统

第 13 章　组织结构原理
第 14 章　组织文化
第 15 章　人才管理的理论与方法
第 16 章　组织变革与组织开发

关于人力资源管理（HRM）评价基准的体系书

《才能评鉴法：
建立卓越绩效的模式（完全版）》

Competence At Work

莱利·M. 斯宾塞　塞尼·M. 斯宾塞（著）

梅津祐良　成田攻　横山哲夫（译）
生产性出版
价格　　6000 日元

① HRM（Human
　　Resource Management）
②组织行为学
③才能

功能分类

一般管理	
逻辑思考	
技术管理·企业家精神	
人（HR·组织行动）	◎
物（营销）	
钱（会计·财务）	○
战略	

职位分类

基层	中层	高层
△	△	◎

流传下来的原因

才能（competence）的概念最早由哈佛大学心理学教授戴维·麦克利兰（David Mcdelland）于 20 世纪 70 年代提出，他的学生莱利·M. 斯宾塞将这一概念引入管理领域并进行了系统化和实用化的总结，本书就是其理论的结晶。

本书是近年来许多企业导入的才能模型的原典，基于 20 年间进行的 286 项研究的结果创作而成，为所有的管理者提供了一份详细的才能辞典，堪称管理界的"圣经"。

当然，本书也能对日本的管理领域提供非常宝贵的经验和灵感。之前出版的翻译版删除了部分章节的内容，读者可以通过这次出版的完全版阅读到全部内容。

概要

本书在体系上，首先对基于产业心理学和组织心理学的才能研

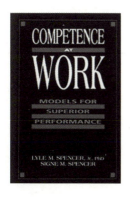

原著: *Competence At Work*
（初版 1993 年）

究历史及术语定义做了简单介绍，然后对 21 个才能辞典进行了非常详细的说明。接着，本书对进行才能模型研究必不可少的调查和数据分析的方法进行了阐述，并且特别以职务才能模型为例，针对技术人员、专业人士、服务工作者、管理人员以及企业家等各自的成功才能进行了十分详细的说明。

另外，本书还从人才管理领域相关人才流动（雇佣、分配、开发等）的各个小功能点出发，对才能的应用方法进行了考察。也就是说，针对信息化社会、高知识工人不足、人才多样化、全球化、人工智能利用等应该如何应用才能给出了建议。

本书基于 20 年的研究对未来的发展提出了宝贵建议，同时也建议企业为了追求新的知识，应该以每三个月一次的频率对才能辞典进行更新。

作者简介

莱利・M. 斯宾塞（Lyle M. Spencer, Jr）Mcber 管理顾问公司总裁，Hay 管理咨询公司技术总监。

重要内容

◇才能的定义是，在工作和生活上的各种情况中，具有长期性和一贯性的表现力与思考力。

◇才能的特性体系包括以下5点：

①动机——积极性。

②特质——身体的特性以及拥有对情景或信息的持续反应。

③自我概念——一个人的态度、价值以及自我印象。

④知识——一个人在特定领域的专业知识。

⑤技巧——执行有形或无形任务的能力。

◇设计才能研究要按照以下6个步骤进行：

①定义绩效标准。

②确认效标样本。

③搜集资料。

④分析资料、发展工作才能模式。

⑤验证工作才能模式的有效性。

作者简介

塞尼·M. 斯宾塞（Signe M.Spencer）
Mcber 管理顾问公司高级研究员。

⑥准备应用该工作才能模式。

◇与非管理人员相比，管理人员所需的才能要件十分相似。管理人员的才能模型如下：

①冲击与影响力——利用合理的冲击与影响力来改善公司的运作，而非想尽一切办法为个人牟利。

②成就倾向——为部下及团队进行绩效评估、目标设定、成本效果分析。

③团队与合作精神——对部下、同事以及上司都推行团队与合作精神或参与式的管理。

④分析式思考——对业绩和事物的影响进行逻辑分析，明确原因和结果并计划对策。

⑤积极主动——在个人的工作职责之外把握住好的机会，为将来的问题或机会做好准备。

⑥人才培养——给予具有建设性的反馈，在出现困难时给予信心和鼓励。

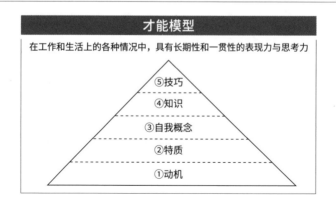

⑦自信心——对自己的能力和判断力有信心，喜欢具有挑战性的任务，勇于直接质问或挑战主观的行动。

⑧人际 EQ——了解他人的态度、兴趣、需求与观点，能解释他人非语言的行为，了解他人的情绪和感觉，了解他人的长处和短处。

⑨直接／果断性——设定极限，在必要时说"不"。设定标准，要求绩效。

⑩寻求咨询——有系统地搜集资料，亲身去看或去接触情况。

⑪团队领导力——为团体绩效设定高标准，将标准内容告知团体。

⑫概念化思考——找出他人看不出来的关联和形态，注意到他人无法注意到的不一致性或差异，在复杂的情况下快速找出关键议题或关键行动，拥有专业能力与专业知识。

110

《才能评鉴法：建立卓越绩效的模式（完全版）》目录　体系图

才能的"基础"

才能的定义

第 I 部分　才能概论

第 1 章　导论
　　　　　（戴维·麦克利兰）

第 2 章　什么是才能?

才能的基本要素

第 II 部分　才能辞典

第 3 章　才能辞典的发展
第 4 章　成就和行动
第 5 章　协助和服务
第 6 章　冲击和影响
第 7 章　管理
第 8 章　认知
第 9 章　个人效能

才能的"实践"

才能的测定

第Ⅲ部分　发展才能模式

第 10 章　设计才能研究
第 11 章　进行行为事例访谈
第 12 章　发展才能模式

才能的"应用"

与 HRM 各项制度的联动

第Ⅴ部分　才能基础的应用

第 18 章　征选
第 19 章　绩效管理
第 20 章　接班人计划
第 21 章　发展和生涯规划
第 22 章　薪酬
第 23 章　整合型人力资源
　　　　　管理资讯系统
第 24 章　社会应用
第 25 章　未来能力本位的人
　　　　　力资源管理

具体事例展示

第Ⅳ部分　一般才能模式

第 13 章　技术人员与专业人员
第 14 章　业务人员
第 15 章　服务人员
第 16 章　管理人员
第 17 章　企业家

关于创建学习型组织的研究

《第五项修炼》

什么是新时代的团队合作

The Fifth Discipline: The Art&Practice of the Learning Organization

彼得·M.圣吉（著）

守部信之（译）
德间书店
价格　　1900 日元

关键词
①组织行为学
②领导能力
③系统思考
④学习型组织

功能分类

一般管理	○
逻辑思考	○
技术管理·企业家精神	○
人（HR·组织行动）	◎
物（营销）	
钱（会计·财务）	
战略	○

职位分类

基层	中层	高层
△	△	◎

流传下来的原因

如今，企业重组与变革的必要性愈发得到重视，可以说，日本比美国更需要实现管理与组织的变革。本书出版于 1990 年，当时正值日本泡沫经济最兴盛的时期，相比较于美国来说，日本的企业或许更需要这本书吧。这是一本直击"为了让组织实现学习和变革究竟都需要什么"这一现场管理本质的名著。

概要

在组织行为（权力、激励等）的领域之中，成为能够自主学习的学习型组织是最理想的目标。当然，要想创建出一个自律成长的组织，自立行动的个人及与之相配合的伙伴和提供支援的组织文化等制度都是必不可少的。

本书针对创建自律成长的组织、改变企业以及变革组织究竟都

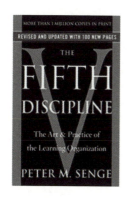

原著：*The Fifth Discipline : The Art&Practice of the Learning Organization*
（初版 1990 年）

需要什么进行了系统化的解说。这是一本提出学习型组织、系统思考等组织设计相关新概念的"圣经"。

本书反复强调"系统思考",意思就是不能将事物看作是单次现象的连续,而应该通过逻辑思考把握事物的构造,找出其中影响力最大的要因与最小的要因。

重要内容

◇本书所说的"修炼（discipline）",指的是学习中应该掌握的理论以及技术的总体,是应该进行实践的课题。

◇学习型组织的 5 项修炼,如下:

①系统思考。

系统思考强化其他每一项修炼,并不断地提醒我们:融合整体能得到大于各部分总和的效力。

作者简介

彼得·M. 圣吉（Peter M. Senge）
麻省理工学院管理学院教授,曾担任该大学"组织学习中心"理事,现担任麻省理工学院斯隆管理学院高级讲师,国际组织学习协会（Society for Organizational Learning）创始人、主席。为福特、DEC等诸多企业介绍学习型组织（Learning Organization）的理论与实践。

②自我超越。

不断厘清并加深个人的真正愿望，集中精力，培养耐心，客观地观察现实。

③改善心智模式。

发掘内心世界的图像，使这些图像浮上表面并严加审视。

④建立共同愿景。

每一个组织都在设法以共同的愿景把大家凝聚在一起。要想实现这一目标，必须整合个人愿景，使其转化为能够鼓舞组织的共同愿景，帮助组织培养成员主动而真诚的奉献精神而非被动的遵从。

⑤团体学习。

在现代组织中，需要有团体而非个人取得成果，因此必须打好团体学习的基础。如果团体不能学习和成长，那么作为团体集合体的组织也无法实现成长。

◇企业的 7 项学习障碍，如下：

①局限思考。

将自身与工作混淆，或是将自己的责任、思考、学习局限于职务范围之内。

②归罪于外。

专注于本职，且以片断方式看待外在世界，无法认清存在于"内"与"外"互动关系中的许多问题及其解决之道。

③缺乏整体思考的主动性。

真正具有前瞻性的积极行动，除了有正面的想法之外，还必须有整体思考的方法与工具。当然，我们除了对最初极佳的立意进行细密量化之外，还要对那些我们极其不易觉察的后果进行深思熟虑。

④专注于个别事件。

专注于某些片断或短期事件使我们不能以长远眼光来看事件背后变化的形态，更无法了解其真正原因。然而，很多事件实际都是因为复杂原因而缓慢形成的。

⑤温水煮青蛙的故事。

除非我们学习放慢速度，察觉构成最大威胁的渐进过程，否则无法避免像青蛙一样被温水煮的命运。

⑥从经验中学习的错觉。

能从经验中学习当然是最好的，但是对于许多重要决定产生的后果（组织中起到重要作用的决定，对整个系统的影响能够延伸长达几年或几十年），我们却无从学习。

⑦管理团体的迷思。

争权夺利和害怕承认无知造成团体中人人不能真正学习，不敢互相追根究底地质疑求真，往往做出表面和谐的妥协意见。绝大多数组织不会奖励深入质疑复杂问题的人，尤其在所有人都无法确定时。

◇系统思考中最重要的一点就是把握杠杆原则（在什么地方采取行动或对什么地方做出改变，能够实现决定性且持续性的改善）。系统思考最大的优点就是，能在极其复杂的状况中找到解决问题的"高杠杆"。

◇系统思考的技术。

找出隐藏在复杂状况深处的，能够引发变化的结构。高杠杆的变化意味着基本战略的转换。

◇系统思考的法则：

①今日的问题来自昨日的答案。

②愈用力推，系统反弹力量愈大。

③渐糟之前先渐好。

④显而易见的解往往无效。

⑤对策可能比问题更糟。

⑥欲速则不达。

⑦因与果在时空上并不紧密相连。

⑧寻找小而有效的高杠杆解。

⑨鱼与熊掌可以兼得。

⑩整体性不可分割。

⑪没有绝对的内外。

《第五项修炼》目录　体系图

解决课题的五项修炼 ➤ **应用及对更多课题的应对**
学习型组织的核心修炼

回避障碍的基础

第Ⅱ部分　系统思考的革命
①系统思考

第4章　系统思考的法则

第5章　新眼睛看世界

第6章　以简驭繁的智慧

第7章　纵观全局掌握重点

第8章　见树又见林的艺术
　　　　思考法的囚徒

学习型组织的应用

第Ⅳ部分　创造的课题

第13章　掌握修炼进阶法

第14章　不再与时间为敌

第15章　工作与家庭之间

构筑学习型组织

第Ⅲ部分　学习型组织的构筑
②自我超越（明确与加深个人视角）

第9章　自我超越

第Ⅴ部分　组织学习的新技术

第16章　微世界1
（预测潜藏在未来管理战略之中
的危险）

第17章　微世界2
（把握管理问题的整体情况）

第18章　微世界3
（发现服务行业的杠杆）

第19章　领导者新角色
（三位领导者的使命故事）

③心智模式（跳出现有框架）

第10章　心智模式

④共同愿景（培养支撑企业的愿景）

第11章　共同愿景

⑤团体学习
（重新审视意见交换与讨论）

第12章　团体学习

关于推进组织变革流程的研究

《领导变革》
Leading Change

约翰 · P. 科特（著）

梅津祐良（译）
日经 BP 社
价格　　2000 日元

①组织行为学
②领导能力
③组织（企业）变革

功能分类

一般管理	○
逻辑思考	
技术管理 · 企业家精神	○
人（HR · 组织行动）	◎
物（营销）	
钱（会计 · 财务）	
战略	○

职位分类

基层	中层	高层
△	△	◎

流传下来的原因

随着全球化的不断深入，商业活动的变化速度越来越快，竞争也日趋激烈。企业在应对这样的经营环境之时，为了减少障碍，更加充分地利用机会，必须进行大规模的变革。大规模的变革包括企业重组、业务流程再造、企业并购、文化变革等，但要想实现这些变革，仅凭传统的管理功能是不够的。

本书主张从传统的管理至上主义转移到重视领导能力的方向上来，堪称领导能力论的"圣经"。本书对领导变革需要拥有什么样的"坚定意志"和"能力"以及应该如何活用都进行了非常详细的说明。

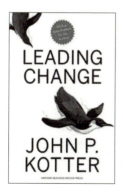

原著：*Leading Change*
（初版 1996 年）

概要

改善与改革完全不同。也就是说，在进行重组（并非对人员进行整理，而是对整个企业进行重新构筑）和企业并购等需要对企业文化进行变革的时候，不能沿用传统的管理方法进行管理，而必须由领导者发挥自身的领导能力。本书将变革的整个过程分为 8 个阶段，并进行了条理清晰地论述。

本书将管理能力与领导能力明确地区分开来。

管理能力指的是对企业内部的流程进行计划、调整以及统合的能力；而领导能力指的是创造出拥有崭新文化的组织的能力，或者改变企业文化以便于现有的组织能够适应剧烈变化的环境的能力。

另外，由于这种责任的变化，导致公司内部的职业规划也随之发生了变化。本书指出，对于今后的企业来说，只擅长进行调整的

作者简介

约翰·P. 科特（John P. Kotter）
哈佛商学院教授。马萨诸塞州剑桥市科特学会的创始人兼会长。他从麻省理工和哈佛大学毕业之后于 1972 年进入哈佛商学院任教。1980 年，33 岁的他成为哈佛商学院的终身教授，和"竞争战略之父"迈克尔·波特是哈佛历史上此项殊荣最年轻的得主。

管理者是远远不够的，能够发挥领导能力的管理者更加重要。

而身为管理者，通往成功的道路也发生了变化。一直以来，通过在大企业中积累经验，边学习边晋升的职业发展方式，并不能培养出具有足够的领导能力的人。作者认为，"要想在 21 世纪取得成功，就必须让自己的职业生涯变得更有活力。"可以说，本书给所有在公司里奋斗的人指明了前进的方向。

重要内容

◇成功的变革有 70%~90% 来自领导能力，只有剩下的 10%~30% 来自管理。

组织变革的步骤

企业变革步骤 （卢因）	企业变革的八个阶段 （科特）	概要	
解冻（认识）	1. 树立紧迫感	让执行现场的所有员工认识到变革的必要性	市场分析、竞争分析、自我分析
	2. 组建领导团队	管理层也必须对重要性有所了解并对执行给予支援	顶层领导参与组建变革团队
变革（执行）	3. 设计愿景战略	制订指明变革方向性的愿景和战略	制订愿景与战略
	4. 沟通变革愿景	促进愿景与战略在组织中的渗透	以促进团队的业绩为基准的行为模式
	5. 善于授权赋能	对员工实现愿景提供帮助	排除问题点（制度等问题）
	6. 积累短期胜利	通过绩效改善计划和评估提高组织的工作积极性	制订计划、汇报结果、表彰制度
再冻结（固定）	7. 促进深入变革	排除或改善与愿景和战略不相符的课题	基于新制度的运营
	8. 成果融入文化	新行为模式与成果之间的因果关系的明确化与制度化	具体的行为模式、领导能力

◇企业变革失败的主要原因包括以下8点：

①没有制造足够强烈的紧迫感就开始执行变革。

②没有建立起足够强大的变革领导集团。

③没有树立明确的愿景。愿景是将人才团结起来的唯一媒介。如果你不能在5分钟之内把愿景解释清楚，让对方理解并产生兴趣，那么你就没有成功地走完变革过程中的这个阶段。

④愿景的沟通效果不佳。在没有得到充分沟通的情况下就开始执行变革。

⑤没有为实现新愿景扫清障碍。如果愿景崩溃，变革必将失败。实现愿景的信念必须统一，对于任何阻碍实现愿景的障碍都必须清除。

⑥不重视短期成果。真正的变革需要时间，如果不能设置一些短期目标，并且在达到目标后根据实际成果给予奖励，变革行动的势头就会慢慢减退。

⑦过早宣布变革成功。在变革固定下来之前，宣布变革成功往往是一个危险的陷阱。

⑧没有将变革固化到公司文化之中。变革只有彻底改变"我们这里做事的方式"，使之融入公司的血液之中，才能持久。

◇导致企业变革失败的主要原因产生的现象包括以下5点：

①新立案的战略没有充分地发挥出应有的功能。

②企业并购没有发挥出预期的相乘效果。

③企业重组花费了巨大的成本和时间。

④企业瘦身没有发挥出削减成本的效果。

⑤在提高品质的项目中出现了没有实现目标的结果。

◇绝对不能用复杂难懂的专业术语和 MBA 术语来描述变革的愿景。变革的愿景必须用通俗易懂的语言进行描述，便于向所有人进行传达。

126

《领导变革》目录　体系图

企业变革的基础

第 I 部分
变革中的问题与解决之道

企业变革的课题

第 1 章　企业变革为什么会失败？

成功的企业变革的要素及流程

第 2 章　成功的变革与原动力

企业变革的实践流程 → **企业变革的未来**

第Ⅱ部分
领导变革的八个阶段

第Ⅲ部分
变革的意义

①提高危机意识

第3章 树立紧迫感

②构筑推进变革的领导团队

第4章 组建领导团队

③设计愿景与战略

第5章 设计愿景战略

④彻底沟通变革愿景

第6章 沟通变革愿景

⑤激发员工的积极性

第7章 善于授权赋能

⑥取得短期成果

第8章 积累短期胜利

⑦以成果为基础更进一步推进变革

第9章 促进变革深入

⑧让新方法和新文化固定下来

第10章 成果融入文化

将来成功企业的肖像

第11章 未来的组织

未来需要的领导能力
与终身学习

第12章 领导能力与终身学习

第五章

物（营销）

科特勒、凯勒《营销管理》
莱希赫尔德《忠诚的价值》
洛夫洛克等《服务营销与管理的原理》
艾克《管理品牌资产》
西蒙、多兰《定价圣经》
布里格斯、斯图尔特《如何增加广告黏度：成功案例及方法分析》
希思等《让创意更有黏性》

营销领域全体的体系书

《营销管理》
Marketing Management

菲利普·科特勒
凯文·莱恩·凯勒（著）

恩藏直人（监译）　月谷真纪（译）
丸善出版社
价格　　8500 日元

 ①营销
②目标营销
③市场营销组合

功能分类

一般管理	○
逻辑思考	
技术管理·企业家精神	○
人（HR·组织行动）	○
物（营销）	◎
钱（会计·财务）	○
战略	○

职位分类

基层	中层	高层
△	◎	○

流传下来的原因

这是一本由营销界巨匠、大名鼎鼎的菲利普·科特勒所著的营销"圣经"。

科特勒出版过许多著作，但被全世界绝大多数商学院选为指定教材的并不是他的经典著作《营销原理》，而是本书《营销管理》。

本书是自 1967 年出版以来被作为营销界的"圣经"广泛阅读的《营销管理》第 12 版的翻译版。在第 12 版中，研究品牌战略的凯文·莱恩·凯勒作为共著者参与了进来。顺带一提，这本书的第 12 版在翻译制作过程中，出版社由培生桐原变成了丸善株式会社。

科特勒的"营销管理"系列，凭借内容的全面性与丰富的案例完胜其他同类书籍，但同时也因为本书涵盖的范围太广，以至于如果简单地将其作为一种参照恐怕会无法把握整体情况。

本书是一本可以当作营销辞典时常带在身边的"圣经"。

原著: *Marketing Management*
（初版 1967 年）

概要

这次的第 12 版与之前翻译出版的第 10 版一样，以全面性的内容和系统化的理论、实践、深刻的洞察以及为了对理论进行说明而选用的具体案例，进一步巩固了其"营销圣经"的地位。

本书在之前版本营销基础和前提的基础上，按照环境分析、营销战略以及战术制订和管理等传统的"营销策略立案流程"展开。

具体形式如下：

①首先通过 SWOT 进行环境分析。

②在目标市场上（市场细分、选择目标市场、市场定位）确定战略。

③基于战略制订战术（市场营销组合最优化和 4P）。

④对涉及具体现场管理的组织运营、执行评价、管控以及运营上的课题等进行分析。

除了互联网营销之外，本书还用了很多篇幅对顾客维护营销、

作者简介

菲利普·科特勒（Philip Kotler）
1931 年出生。现代营销集大成者，被誉为"现代营销学之父"。美国西北大学凯洛格管理学院终身教授。多次获得美国国家级勋章和褒奖，包括"保尔·D. 康弗斯奖"、美国营销协会（AMA）"营销教育者奖"，也是唯一三次获得过《营销杂志》年度最佳论文奖"阿尔法·卡帕·普西奖（Alpha Kappa Psi Award）"的人。曾为 IBM、通用电气（General Electric）、AT&T、默克（Merck）、霍尼韦尔（Honeywell）、美洲银行（Bank of America）、北欧航空（SAS Airline）、米其林（Michelin）等企业提供管理顾问服务。

服务营销等针对经营环境变化的营销战略和方法进行了详细的介绍，新共著者凯勒还给本书提供了许多关于品牌管理的真知灼见。凯勒与后文中即将提到的品牌管理领域的权威大卫·艾克共同进行了许多研究，是与艾克齐名的品牌管理大师。艾克将品牌资产的概念系统化，而凯勒则致力于将艾克的理论应用于管理之中，进行了更加具体的研究。

事实上，如今许多产品都已经商品化，在难以扩大市场的同时也陷入激烈竞争之中，而随着信息流通的速度越来越快，市场已经愈发转向买方市场，消费者向能够提供更高价值的企业流动是不可避免的。在这种局面下，企业应该找准目标市场，与开拓新顾客相比，维护老顾客显得更加重要，不能单纯地追求市场占有率，而应该通过找出核心顾客并对其生涯价值进行评估来提高产品在特定顾客群体中的占有率。

只要按照本书的体系来制订计划并加以执行，就能够实现战略与战术相一致的营销战略。

作者简介

凯文·莱恩·凯勒（Kevin Lane Keller）1956年出生。对营销沟通与战略品牌管理进行综合研究的国际先驱者之一。在美国杜克大学富卡商学院取得博士学位。从事与品牌资产的构筑、评价及管理相关的营销战略和战术研究。达特茅斯大学塔克商学院营销学教授。

特别值得一提的是，本书拥有大量图表。对于难以理解的抽象的理论，本书都搭配了很具体的案例并进行了详细的介绍。

本书虽然是篇幅超过 1000 页的鸿篇巨制，但并不像市面上那些流行书和鸡汤书那样，用毫无根据的理论和冗长乏味的说明文来填充内容。相反，给抽象的理论配以明确的根据与翔实的案例正是本书最大的价值。

另外，即便只看"产品的 5 个等级""差异化的视角""品牌定位""渠道策略"等超具体且详细的总结图表，也是一种非常高效的学习方法。

重要内容

◇什么是真正的需求？

营销要从人类的"需求"和"关注点"出发，这也是传统营销的一大原则。但是，这其中最重要的并不是"关注点"，而是持续发掘真正的"需求"。比如，购买直径 2 厘米钻头的消费者实际上需要的是一个直径 2 厘米的洞口（＝需求），而不是种类繁多、功能先进的钻头（＝关注点）。如果有更加便利且价格合理的打孔服务，那么消费者毫无疑问会选择购买服务而非钻头。

◇要想找出真正的需求，不能只观察"顾客"，而要观察"顾客的行动"。

《创新者的窘境》的作者、与波特并称为"哈佛商学院管理思想家双璧"的克里斯坦森也提醒，应该对"需求"与"关注点"的区别加以重视。

克里斯坦森警告说，很多企业都只是在现有关注点的延长线上思考产品与服务，所以很容易陷入失败的泥潭。

因为这些企业不以顾客的行为为基础，而是将焦点放在按照细分化的基准比较易于分析的现有顾客群体上。

本来，企业关注的焦点应该集中在真正的"需求"上，只有这样才能让顾客发觉到自己都没有意识到的"关注点"，这也是企业营销的大前提。而要想发现真正的"需求"，就必须对顾客的"行动"进行仔细的观察。

◇在营销流程中，全体的整合性比个别的策略更加重要。

营销管理的流程大致可以分为以下4个步骤：

①环境分析。

②制订营销战略。

③制订营销战术。

④执行与控制。

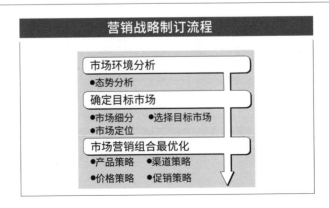

这个流程必须作为"体制"运转起来，并且分解为以下的顺序：

①营销机会分析。

②目标市场调查与确定。

③制订营销战略。

④制订营销项目。

⑤营销活动的组织化、执行、控制。

这里最重要的就是具体问题具体分析。比如，在对营销的 4P（Product、Price、Place、Promotion）进行详细的讨论之前，首先需要思考作为市场营销组合根据的营销战略（STP，Segmenting、Targeting、Positioning），而作为 STP 根据的则是最初的环境分析。

对于长期处于相同行业环境之中的企业来说，敢于对一直以来的"常识"提出质疑甚至进行否定是极为困难的事情。

但是，就算自己公司没有发生任何变化，竞争对手却在不断变化，而且企业身处的经济环境和社会环境都在不断变化。因此，受这些环境影响的顾客状况当然也在不断变化。

要想应对这些变化，就必须进行实时的环境分析，从而避免因为"3 个月前是这样的状况"之类的陈旧信息而做出错误的判断。

大型管理顾问公司之所以收取高额的咨询费用，并不是因为他们最终提供了简单易懂的框架以及崭新的提案，而是因为他们进行了彻底的调查。

也就是说，只有彻底地进行环境分析和从零开始思考，敢于对"常识"进行重新验证，并且基于事实得出认知，才能发现自己公司应该采取的战略方针。

然而事实上，将上述流程安排进企业的预算规划之中，并且每年坚持执行的企业非常有限。绝大多数企业都是基本沿用上一年度的方法，只对日常运营进行细微的调整，然后制订计划并加以实施，结果导致战略、战术、执行三者之间完全没有形成一个统一的整体，实际上的运营自然也是最没有效率的。

最常见的情况是将 STP 营销作为营销战略核心，然而紧跟其后的市场营销组合却和 STP 主导的营销战略完全不同。

事例

◇ STP 的"S"重视对接近实际购买行为的细分变量。

细分变量包括地理变量、人口变量、心理变量和行为变量。比如，爱看电视剧和广告，引领流行趋势的 20~29 岁的女性（F1 层）以及拥有购买力的 M2 和 M3 层等等。这种就是以人口变量为基础，再加上性别与年龄组合的市场细分。

然而，现在这种细分方法出现了一些变化。

原来收视率比较容易把握，因此企业普遍将人口变量作为市场细分的基准。日本的广告行业规模高达 6 兆日元，其中电视广告占据着压倒性的份额，而且影响力也最大。

如今，企业更加重视心理变量和行为变量这些更接近购买行为的变量。

最显著的原因就是互联网的出现以及互联网广告在广告市场份额的急剧扩大。

因为联盟网络营销的出现，成功报酬和点击报酬等可检测的广告手段得到普及，再加上可以根据过去的浏览记录显示类似或相关广告的推荐等广告技术的进步，市场细分的活用变量一下子都转向了这里。

即便从整个广告市场的角度来看，在被称为4大媒体广告的电视、报纸、杂志、收音机的各广告市场之中，互联网广告已经超过收音机广告、杂志广告以及报纸广告，一跃成为排名第二的广告市场。

◇很多企业尚未锁定STP的"T"。

正确地将市场细分化之后，就必须确定以市场中的哪一个位置作为焦点来宣传自己的产品或服务。尽管这是任何一本关于营销的书中都会提到的内容，但实际上做出这一决策并且执行的企业少之又少。

这究竟是为什么呢？答案是很多人害怕因为"锁定"了市场的某一个焦点之后会造成机会损失，认为或许目标市场之外的顾客也会购买。但这样做就会导致锁定（目标选择）不够准确，无法有效地进行营销活动以及资源分散。

那么，为什么要排除目标市场之外的顾客也会购买的可能性呢？

首先从差异化的角度来看。正如前文对需求进行分析时提到过的那样，广告之类的促销信息都是以解决顾客想要解决的课题（克里斯坦森将其称为"应该被解决的事情"）为出发点。想要尽快将物品送到别人手中的时候，可以选择 EMS、大和超快宅急便或者佐川急便的飞毛腿。但是，除了这些大型的快递公司之外，还有使用摩托和自行车送快递的公司。在绝大多数情况下，配送时间与价格是对等的，具体要根据顾客的情况来做出判断。就算有"希望能够用摩托在 1 小时之内送到"这样强人所难的顾客，但用摩托送快递的公司仍然有很多。关键在于锁定与自己公司重视的特征对象相符的顾客群体进行宣传，这样才能使自己进入顾客的选择清单之中。

其次从与整个营销流程相关的顾客维持成本的角度考虑。以低成本和低附加值为卖点的企业，就算获得了目标市场之外的顾客，也会因为应对服务相关的投诉而导致消耗更多的成本，而且顾客很有可能向周边散播差评。顾客忠诚度领域的权威、贝恩公司的名誉董事弗雷德里克·莱希赫尔德，就对滥用金钱来提高顾客满意度的做法提出了警告。同时，他还强调了提高重要顾客的忠诚度的重要性，为此企业必须彻底锁定目标顾客群体。另外，提高股东和员工的忠诚度也同样重要。

对于上市企业来说，"无法自己选择股东"是最常听到的一句话，但实际上股东也是可以由企业来自主选择的。

比如，企业可以通过实施对谋求短期利益的投资者来说没有吸引力的策略来避免这样的人成为自己的股东。

为了吸引对自己公司来说真正重要的股东，可以采取将大部分利润都用于投资的低分红策略。比如，提出在处于成长期的行业中尽快脱颖而出，甩掉竞争对手的成长型中期发展计划，那么绝大多数的短期投资者就会卖掉自己手中的股份，并且不会继续购买。

或许会有管理者担心，"这样一来股价不就下跌了吗？"这样的管理者就和那些无法下决心对企业进行变革的管理者一样。就算股价会出现暂时的下跌，但只要明确且具体地将企业的方针公布出去，就一定能够获得新投资者的青睐。

◇ STP 最后的"P"进行的不够彻底。

许多企业都没有将营销战略按照 STP 的形式彻底贯彻下去，特别是对于最重要的差异化缺乏足够的认识。

如果你问一个管理者或者负责人，他们的产品与竞争对手的产品究竟有哪些区别，他们在绝大多数情况下都是自吹自擂，而对竞争对手的了解却少之又少，基本上只有抽象的比较。

但科特勒认为，STP 最后的 P（目标市场定位），才是让自己公司的产品引人注目的关键。对自身一个或者多个与众不同的特点进行宣传，是让消费者从种类繁多的同类产品中选择自己公司产品的唯一办法。

为了让消费者选择自己公司的产品，就必须向消费者展示超具体的差异化特点。具体来说就是，哪一种产品或服务的哪一个特征，与哪一个竞争对手商品的哪一个功能相比，具有哪种程度的优势或者价格便宜多少。

实现差异化的方法	
1. 产品	产品特性（除基本功能之外附加的其他功能）、质量（基本功能的实用程度）、一致性、耐用性、可靠性、可维修性、风格（外观视觉效果）、整体设计（差异化主要因素与整体的整合性）
2. 服务	配送（订货方便、交货及时和安全）、提供安装服务、顾客教育与咨询、售后服务
3. 人员	能力（知识与技能）、态度、可靠性与安心感、交流能力
4. 形象	标志、文字与多媒体、气氛、活动

科特勒将实现差异化的方法进行了系统化的总结：

①物理的差异化（产品的外观）。

②品牌差异化（独特的品牌名称）。

③关系差异化（与顾客或特定供给者之间的关系）。

④产品差异化（产品特性、质量、一致性、耐用性、可靠性、可维修性、风格、整体设计）。

⑤服务差异化（配送、提供安装服务、顾客教育与咨询、售后服务）。

⑥人员差异化（能力、态度、可靠性与安心感、交流能力）。

⑦形象差异化（标志、文字与多媒体、气氛、活动）。

另外，本书还顺便提到了利基战略。当今时代，除了一部分互联网相关企业之外，想在不消耗成本的前提下，能够一口气实现扩张，将事业拓展到全部领域的企业十分有限。

即便对这些有限的大企业来说，当他们想要通过新的创新来展开新业务的时候，首先也会选择一个特定的小市场，在这个特定的市场领域中占据压倒性的份额，然后再向上级市场进军。而在这个时候，利基战略的视角就显得尤为重要。

142

《营销管理》目录　体系图

把握前提 ➡️ 制订战略

概论

第 I 部分　理解营销管理

第1章　定义21世纪的营销
第2章　制订营销战略和计划

环境分析

第 II 部分　收集营销信息

第3章　信息收集与环境调查
第4章　实施营销调研和预测需求

营销战略（STP）

选择目标市场（细分、定位）

第III部分　客户关系的架构

第5章　创造顾客价值、满意和忠诚
第6章　分析消费者市场
第7章　分析企业市场
第8章　明确市场细分和选择目标市场

差异化设计

第IV部分　确立强势品牌

第 9 章　创建品牌资产
第10章　设定品牌定位
第11章　参与竞争

制订并推进战术

决定战术　市场营销组合最优化

第 V 部分　塑造市场供应品

产品
第 12 章　建立产品战略
第 13 章　服务的设计与管理

4P

价格
第 14 章　制订定价战略和价格方案

第 VI 部分　创造价值

渠道
第 15 章　价值网络及营销渠道的设计和管理
第 16 章　零售、批发和物流管理

第VII部分　传播价值

宣传
第 17 章　整合营销传播的设计和管理
第 18 章　大众传播的管理：广告、促销、活动和公共关系
第 19 章　人员传播的管理：直接营销和人员推销

获取长期竞争优势的独立成长点

第VIII部分　实现长期成长

第 20 章　开发新产品
第 21 章　进入全球市场
第 22 章　全面营销组织的管理

关于营销领域"顾客忠诚"的研究

《忠诚的价值》
The Loyalty Effect

弗雷德里克·莱希赫尔德（著）

伊藤良二（监译）山下浩昭（译）
钻石社
价格　　3200 日元

 关键词

①营销
②顾客维持
③顾客忠诚
④CRM（Customer Relationship Management）

功能分类

一般管理	
逻辑思考	○
技术管理·企业家精神	
人（HR·组织行动）	○
物（营销）	◎
钱（会计·财务）	○
战略	○

职位分类

基层	中层	高层
△	△	◎

流传下来的原因

"顾客满意"这个词由来已久。但"顾客满意"究竟对提高公司的利益做出了多少贡献呢？

可以说，每一位管理者都抱有这样的疑问。本书为了解答这个疑问，提出了"顾客忠诚"的概念，通过对"顾客忠诚"进行管理实现"顾客忠诚"，最终帮助企业获取利益。

航空公司的里程卡、饭店和超市的优惠券、专门面向大客户的银行 VIP 服务等，这些维持特定顾客群体的做法想必大家也是耳熟能详，而本书则第一次将"顾客忠诚"与"使企业获取长期利益"这两者联系到了一起。

概要

本书以"忠诚是提高企业价值的重要指标"为基础，认为要想

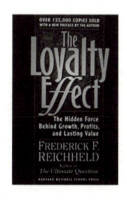

原著：*The Loyalty Effect*
（初版 1996 年）

最终实现顾客忠诚，不仅要关注优质顾客，还要对员工以及股东等存在利害关系的人进行慎重的选择，并且同时进行维持，这样才能实现持续扩大收益的经营模式。

顾客忠诚不同于满足所有顾客的希望、追求让所有的员工和股东都满意的"满意至上主义"，在强调忠诚之前，首先必须要明确自己公司的战略（基准）。也就是说，究竟应该提高谁的忠诚度，并没有唯一的正确答案，所以就像营销需要进行市场细分和找准目标市场一样，在顾客维持的时候也要先明确什么样的顾客、员工以及股东对自己企业有利，值得构筑长久的关系。

作者将忠诚分为"顾客忠诚""员工忠诚""股东忠诚"3个方面，指出企业要想取得成功，就必须与顾客、员工以及股东建立长期的良好关系，提高三者的忠诚度。而为了实现这一目标，必须做到以下8点：

①为顾客提供优良的价值。

②选择合适的顾客。

③获取顾客忠诚。

作者简介

弗雷德里克·莱希赫尔德（Frederick F. Reichheld）毕业于哈佛大学，在哈佛商学院取得 MBA 学位。贝恩公司名誉董事。作为顾客忠诚领域的权威，向欧美许多大型企业提供管理顾问服务。曾在《哈佛商业评论》以及《华尔街日报》上发表过许多论文。

④选择合适的员工。

⑤获取员工忠诚。

⑥通过从顾客和员工处获得的高忠诚而诞生出的高生产率来保持自身的成本竞争力。

⑦选择合适的股东。

⑧获取股东忠诚。

本书的作者在与麦肯锡管理顾问公司齐名的贝恩公司担任名誉董事，因此，本书有许多包含真实数字的丰富案例，与那些单纯讲述理论的书籍完全不同，读起来简单易懂。

重要内容

◇绝大多数企业每年都会流失 10%~30% 的顾客以及15%~25% 的员工，而股东的平均流失率甚至高达 50%。

◇顾客维持率每提高 5%，则每个顾客的平均价值（NPV）会随之增加 35%（软件行业）~95%（广告行业）。

◇首先应该确定的问题是，增加哪个目标群体顾客、员工以及股东的忠诚。

◇然后明确针对上述三个存在利益关系的群体，应该提供哪些与竞争对手不同的价值。

◇判断的基准应该是性价比，也就是说顾客数量不一定是最重要的，选择能够长期持续购买的优质顾客群体效果更好。

◇不应该一味地追求短期利益，而应该采用能够提高顾客终生价值的价格策略、商品种类、员工激励以及服务水平。

◇根据顾客细分的程度，顾客平均维持率将在72%~90%之间浮动（有的顾客会因为2%的差价而转投你的竞争对手，也有的顾客即便面对20%的折扣也不为之所动）。

◇某证券公司的经纪人稳定率从80%提高到了90%，平均利润提高了55%。

◇某快餐连锁企业将离职率低的店铺（平均100%）和离职率高的店铺（平均150%）进行了对比，发现前者的利润率比后者高50%。

◇针对失败（顾客流失）反复思考5次"为什么"，找出真正的原因。

◇顾客满意与顾客忠诚存在着巨大的差异。

◇在对忠诚进行管理的时候需要用到两种报表，一个是人力资源平衡表，另一个是价值流计算表。

◇财务会计的盈亏计算表上只显示"企业→股东"的价值流，与之相对的，通过价值流计算表，可以对"企业→顾客""企业→员工""顾客→企业""员工→企业""股东→企业"这5个价值流进行系统化的观察。

◇ 60%~80%的流失顾客在流失之前的问卷调查中都会回答"满意"或"非常满意"。

◇在对顾客忠诚进行思考时必须考虑成本与利益。

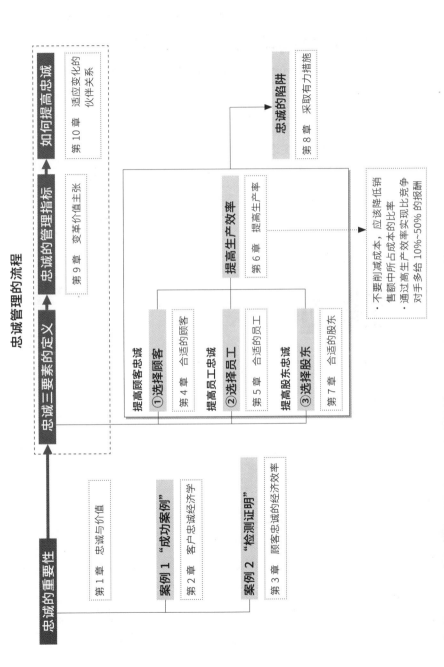

149

《忠诚的价值》目录 体系图

忠诚管理的流程

忠诚的重要性

第 1 章 忠诚与价值

案例 1 "成功案例"
第 2 章 客户忠诚经济学

案例 2 "检测证明"
第 3 章 顾客忠诚的经济效率

忠诚三要素的定义

提高顾客忠诚
①选择顾客
第 4 章 合适的顾客

提高员工忠诚
②选择员工
第 5 章 合适的员工

提高股东忠诚
③选择股东
第 7 章 合适的股东

提高生产效率
第 6 章 提高生产率

・不要削减成本,应该降低销
售额中所占成本的比率
・通过高生产效率实现比竞争
对手多给 10%~50% 的报酬

忠诚的管理指标

第 9 章 变革价值主张

如何提高忠诚

第 10 章 适应变化的
伙伴关系

忠诚的陷阱
第 8 章 采取有力措施

专注于"服务"的营销体系书

《服务营销与管理的原理》
Principles of Service Marketing and Management

克里斯托弗·洛夫洛克
劳伦·怀特（著）

小宫路雅博（监译）高畑泰　藤井大拙（译）
白桃书房
价格　　3900 日元

①营销
②服务营销

功能分类

一般管理	
逻辑思考	
技术管理·企业家精神	
人（HR·组织行动）	○
物（营销）	◎
钱（会计·财务）	
战略	

职位分类

基层	中层	高层
△	△	◎

流传下来的原因

服务业在产业结构中占据着非常重要的地位，而集众人瞩目于一身的服务营销却在 20 世纪 90 年代才被商学院选为主修科目。

本书是服务营销领域的权威，也是在这一领域拥有稳固地位的洛夫洛克将自己的研究进行系统化总结的集大成之作。本书因为将服务与营销、运营以及人力资源管理这三个领域结合起来进行了系统化的论述，因此备受推崇。

概要

本书堪称服务管理版的《营销管理》，对包括堪称服务品质评价世界标准的 SERVQUAL 品质评价基准概要等服务营销的理论框架进行了十分系统和详尽的介绍。

尽管所有的服务都不一样，但重要的特征却是相通的。关键在

原著: *Principles of Service Marketing and Management*
(初版 1999 年)

于理解服务的本质，明确自身应该提供服务的内容与水平，然后在此基础上将服务分成几个类别，针对每个分类思考合适的应对方法。

另外，对于身处现场的管理者来说，不管从事的是哪一类的工作，都必须认识到营销、运营、人力资源管理三者的职能是相互作用、不可分割的，否则就无法在现场展开工作。

本书对营销、运营以及人力资源管理这三个领域分别进行了详细的论述，并且介绍了服务营销的战略构筑（服务营销最优化的构筑）方法，最后又对现场的管理进行了统合。也就是说，本书将与需求和供给的预测及配给相关的管理、对等待时间的管理（队列与预约管理），以及与人才维持相关的具体的现场人力资源管理等都进行了统合。

重要内容

◇根据流程的不同，服务大致可以分为以下 4 类：

作者简介

克里斯托弗·洛夫洛克（Christopher Lovelock）1940 年出生。服务营销领域的权威。在美国多所商学院担任教授，制作了上百个案例。在哈佛商学院取得 MBA 学位，在斯坦福大学取得哲学博士学位。2008 年去世。

①与人类的身体有物理接触（美容院、旅客输送等）。

②与物理对象相关（清洁、货物运输等）。

③与人类的心理、精神、头脑相关（教育、娱乐等）。

④与信息相关（会计、保险等）。

◇顾客的购买流程大致可以分为以下 3 个阶段：

①购买前——需求认知、信息搜索、替代方案评估。

②购买中——要求服务、接受服务。

③购买后——服务评价、今后的意向。

此时，核心产品和补充服务应该具有价值和品质。

◇生产效率与品质是同一枚硬币的正反面（性价比）。

◇计算顾客满意的公式是"实际接受的服务 ÷ 期待获得的服务"。

◇只有同时听取顾客与员工双方声音的组织才能够提供出高品质的服务。

◇要想提高顾客忠诚，必须对顾客选择和内容的价值进行分析。

◇解决顾客投诉是维持忠诚的重要因素。

◇顾客对店铺和服务的投诉只有 50% 能够传达到企业的总部。

◇投诉得到圆满解决的情况下，顾客的再次购买意向为 69%~80%，没有圆满解决的情况下再次购买意向为 17%~32%。

◇顾客教育必须包括以下 4 点：

①向潜在顾客提供信息与教育。

②说服目标顾客。

③顾客激励。

④与现有顾客维持联系并提供信息。

◇虽然按照先后顺序是排队的基本原则，但也有根据顾客的类型改变顺序的情况，改变的原因主要包括以下 4 点：

①紧急性。

②所需时间。

③支付价格。

④顾客的重要度。

◇通过参与提案、参与职务设计、参与管理等阶段性的权限委任，可以提高员工的忠诚。

◇员工忠诚与顾客忠诚是成正比的。

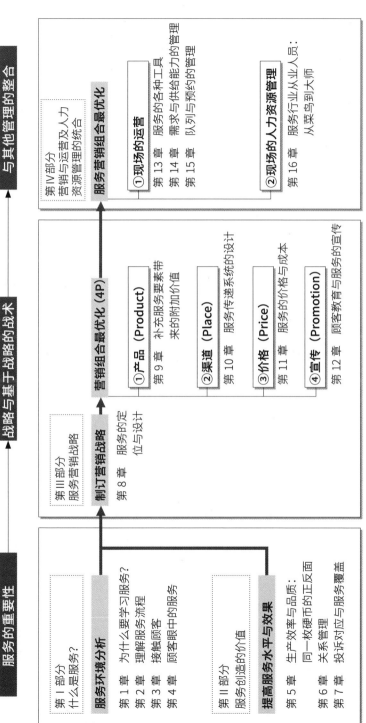

《服务营销与管理的原理》目录 体系图

服务的重要性 → 战略与基于战略的战术 → 与其他管理的整合

服务环境分析

第 I 部分
什么是服务？

第 1 章 为什么要学习服务？
第 2 章 理解服务流程
第 3 章 接触顾客
第 4 章 顾客眼中的服务

第 II 部分
服务创造的价值

提高服务水平与效果

第 5 章 生产效率与品质：
同一枚硬币的正反面
第 6 章 关系管理
第 7 章 投诉对应与服务覆盖

制订营销战略

第 III 部分
服务营销战略

第 8 章 服务的定位与设计

营销组合最优化 (4P)

① 产品 (Product)
第 9 章 补充服务要素带来的附加价值

② 渠道 (Place)
第 10 章 服务传递系统的设计

③ 价格 (Price)
第 11 章 服务的价格与成本

④ 宣传 (Promotion)
第 12 章 顾客教育与服务的宣传

服务营销组合最优化

第 IV 部分
营销与运营及人力资源管理的统合

① 现场的运营
第 13 章 服务的各种工具
第 14 章 服务的供给能力的管理
第 15 章 队列与预约的管理

② 现场的人力资源管理
第 16 章 服务行业从业人员：从菜鸟到大师

关于营销领域"品牌"的研究

《管理品牌资产》

实现竞争优势的名字、标志、口号

Managing Brand Equity

大卫・艾克（著）

陶山计介　中田善启　尾崎久仁博　小林哲（译）
钻石社
价格　　3800 日元

①营销
②品牌
③忠诚
④顾客维持

功能分类

一般管理	
逻辑思考	
技术管理・企业家精神	○
人（HR・组织行动）	
物（营销）	◎
钱（会计・财务）	○
战略	○

职位分类

基层	中层	高层
△	△	◎

流传下来的原因

在竞争愈发激烈、产品愈发难以实现差异化的现在，企业与服务的品牌对顾客产生的影响越来越大。但与此同时，想建立一个全新的品牌非常困难，需要投入大量的资金和精力。单纯通过调整价格来进行促销只会加速产品的商品化，获得的利润就会被进一步压缩。

正是在这样的状况下，建立能够持续获取竞争优势的品牌以及提高价值才显得尤为重要。被称为品牌管理第一人的大卫·艾克通过本书对上述问题给出了解答，这本出版于 1991 年的书籍也因此被奉为品牌管理的"圣经"。

概要

现在经常被提到的"品牌"一词，不仅仅是为了区分不同的商

原著: *Managing Brand Equity*
（初版 1991 年）

品，更是为了使我们更快、更准确地认识产品和服务。

在企业合并与收购时，一个好的品牌作为非常优秀的资产会被评估出很高的价格。因此，品牌堪称管理战略中最为核心的企业资产。

针对这一对企业来说十分重要的资产，艾克提出了"品牌资产"的概念。也就是说，品牌形象会给资产价值带来正面或者负面的影响。

本书不但对品牌资产进行了定义，同时还揭示了其产生价值的过程，以及营销上的哪些决策会对价值产生影响，并配以大量的调查结果和案例。除此之外，本书还介绍了品牌资产的管理和利用方法，以及管理者必须进行战略思考的问题。

一般情况下，每个人对价值的认识都不一样。要想充分利用自己公司的品牌价值，就必须首先明确自己公司的理念、愿景以及战略等独特的概念，然后构筑起一个具有连贯性的品牌战略体系。

作者简介

大卫·艾克（David A. Aaker）
1938年出生于美国北达科他州。斯坦福大学哲学博士，美国加州大学伯克利分校哈斯商学院的营销学名誉教授。现在担任先知品牌战略咨询公司副总裁，著有《发展企业策略》《管理品牌资产》《建立强势品牌》《品牌领导》等。

重要内容

◇品牌资产指的是与品牌、名称以及标志相关的品牌资产和负债的总和。

◇品牌资产由以下 5 个要素组成：

①品牌忠诚度（对品牌的忠诚）。

②品牌知名度（品牌广为人知）。

③品牌认知度（对品牌的印象）。

④品牌联想度（与品牌相关的"特定的联想"）。

⑤其他品牌专有资产（专利、商标等）。

◇品牌忠诚度是在购买决策中多次表现出来的对某个品牌有偏向性的（而非随意的）行为反应，也是消费者对某种品牌的心理决策和评估过程。

◇要想维持品牌忠诚度，必须做到以下 5 点：

①正确对待顾客。

②将顾客放在第一位。

③对顾客满意度进行检测和管理。

④制作流失成本。

⑤给予好处。

◇品牌联想度是指透过品牌而产生的所有联想，包括以下几种类型：

①产品特性（产品的性能）。

②无形资产（对技术、健康等无形特性的评判）。

③顾客便利（顾客便利与品牌之间的关联）。

④相对价格（价格差异与品牌之间的关联）。

⑤使用方式与场合（使用状况和方法与品牌之间的关联）。

⑥使用者／顾客（产品的使用者和顾客与品牌之间的关联）。

⑦名声／人物（名人与品牌之间的关联）。

⑧生活方式／个性（品牌的个性与生活方式特性）。

⑨产品类别（产品的定位）。

⑩竞争对比（与竞争对手的比较差异）。

⑪国家／地域（例：意大利的皮革制品）。

◇要想维持品牌联想，必须做到以下3点：

①与时间无关的首尾呼应的一致性。

②与营销项目无关的首尾呼应的一致性。

③将损害最小化的灾难管理。

◇扩张后的品牌与原品牌之间的契合，依存于使用状况的共通性、功能的便利性、与名声的关联、使用者类型以及标志等要素。

◇使品牌复兴的方法包括以下7点：

①增加使用量。

②发现新用途。

③进军新市场。

④品牌再定位。

⑤产品／服务扩大。

⑥下架现有产品。

⑦品牌扩张。

《管理品牌资产》目录 体系图

讨论价格战略的战略体系书

《定价圣经》

Power Pricing: How Managing Price Transforms the Bottom Line

赫尔曼·西蒙　罗伯特·J.多兰（著）

吉川尚宏（监译）
经济管理顾问研究会（译）
钻石社
价格　　3800 日元

①顾客价值基础
②价格战略
③高明定价者

功能分类

一般管理	
逻辑思考	
技术管理·企业家精神	
人（HR·组织行动）	
物（营销）	◎
钱（会计·财务）	○
战略	

职位分类

基层	中层	高层
		◎

流传下来的原因

本书以将微观经济学和营销作为前提的系统化理论为基础，从实务的角度出发，对价格设定进行了非常全面的论述，被包括哈佛商学院在内的许多顶级院校选为教科书。日语版翻译出版时，作者又补充了"定价与电子商务""21 世纪的日本企业需要的定价策略"等全新的内容，从附加价值的角度来看，甚至比原版更胜一筹。本书作者的盟友彼得·德鲁克对本书在日本出版的意义大加赞赏，本书也是一本得到权威认可的"圣经"。

概要

本书所说的"高明定价者"，指的是摆脱了传统的"在成本的基础上加上标准加价"的做法，"以顾客价值为起点进行定价"的组织及个人。

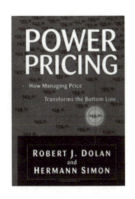

原著：*Power Pricing：How Managing Price Transforms the Bottom Line*（初版 1996 年）

164

　　也就是说，高明的定价既不能根据竞争对手的价格来进行定价，也不能轻率地只凭经验，在成本的基础上加价，而应该以最本质的产品的价值来一决胜负。

　　事实上，很多企业都在产品策略、促销策略以及渠道策略上投入了大量的精力，但对 4P 最后的 P "价格"却缺乏足够的重视，甚至有时候为了达到短期促销的目的而临时采取降价的价格策略。

　　以"顾客认知的价值"为基础，必须把握以下 2 个前提：

　　①竞争环境分析（把握持续的竞争优势源泉和差异化）。

　　②顾客分析（把握不同细分市场中的需求以及对象产品、价格弹性、支付能力等）。

　　在此基础上，还要对竞争对手和顾客进行细分：

　　①设定产品定位。

　　②将价格策略作为营销组合之一。

　　也就是说，制订以战略为纽带、拥有整合性的价格策略是极为必要的。

　　如今，产品商品化的速度越来越快，全球化导致市场竞争愈发

作者简介

赫尔曼·西蒙（Hermann Simon）
西蒙顾问和管理咨询有限公司董事长和首席执行官。该公司作为定价领域的权威企业以欧洲为中心展开活动。1996 年在美国的波士顿开设了分公司，2001 年在日本东京开设了分公司。

激烈，想实现差异化也变得越来越困难。在这样的环境下，没有采取逻辑化、系统化价格策略的日本企业更应该参考本书的内容，将价格策略组合进营销战略之中。

重要内容

◇销量不佳的时候，不要草率地降价！

有时候价格下调20%，实际利润反而下跌50%，甚至想获得与降价之前同样的利润，需要将销量提高一倍。草率地降价往往会导致失败。因为这是忽视成本结构，只看表面的反射性价格策略。

◇成本决定价值，但不能决定价格！

在定价的时候，不能单纯地在成本的基础上加上标准加价，而应该以顾客对产品认可的"价值"（从顾客的角度看来最本质的价值）为基础制订价格，如果顾客认可的价值不能覆盖成本，那么这种产品就不应该被生产出来。

作者简介

罗伯特·J.多兰（Robert J.Dolan）
哈佛商学院教授。

◇设定能够使利益最大化的价格时，需要思考价格反映、成本结构：

①价格反映。

清洁剂等日用品和名牌手提包等奢侈品的价格弹性是不同的，日用品的价格弹性比较高，只要价格下调10%，销量就会大幅增长；与之相比，奢侈品的价格弹性很低，下调价格对销量并没有太大的影响。

②成本结构。

与价格相对的变动费率越高，价格变更的利益冲击就越大。

◇价格目标要根据投入后的时间进行改变！

中长期价格的底值由"单位产品的总成本"决定，短期价格的底值由"单位产品的变动费""极限成本（机会成本）"决定。

◇为了实现产品线整体的利润最大化，可以牺牲其中一部分产品的利益！

如果产品 A 的需求增加会导致产品 B 的需求增加，那么产品 A 和产品 B 是互补性产品。如果这种关系为负面的，那么产品 A 和产品 B 是替代性产品。产品线上存在着许多互补性产品和替代性产品，因此，想让所有的产品都能够获取巨额利润是不可能的。

◇在顾客愿意支付很高的价格时，捆绑销售反而会起到相反的效果！

在顾客的购买预算上下浮动的时候，通过捆绑销售通常能够将利润提高20%~30%，但如果捆绑产品的定价超出了顾客预算的最大值，那么最终获得的利润可能会减少。

《定价圣经》目录　体系图

价格战略的理论 → 价格战略的实践

理论基础

第 I 部分　基础篇

第 1 章　定价的导入
第 2 章　价格、成本与利润的关系
第 3 章　价格反映预估
第 4 章　定价与竞争策略

理论应用

第 II 部分　应用篇

第 5 章　差别定价
第 6 章　国际定价
第 7 章　非线性定价
第 8 章　产品线定价
第 9 章　捆绑销售的产品定价
第 10 章　短期差别定价
第 11 章　长期差别定价

理论的实践

第 III 部分　实践篇

第 12 章　高明定价的组织动员
第 13 章　成为高明的定价者
　　　　　——评估你的定价智商

实践的发展

第 IV 部分　展开篇

第 14 章　定价与电子商务
第 15 章　21 世纪的日本企业需要
　　　　　的定价策略

对全世界一流企业的广告费用进行彻底的验证

《如何增加广告黏度：
成功案例及方法分析》

谋求交流最优化的营销战略

What Sticks：
Why Most Advertising Fails And How to Guarantee Yours Succeeds

雷克斯·布里格斯
格雷格·斯图尔特（著）

井上哲浩　加茂纯（监译）
高桥至（译）
钻石社
价格　　2400 日元

①营销
②促销
③交流战略

功能分类

功能分类	
一般管理	
逻辑思考	
技术管理·企业家精神	
人（HR·组织行动）	
物（营销）	◎
钱（会计·财务）	
战略	

职位分类

基层	中层	高层
	◎	

流传下来的原因

本书的作者与阿斯利康制药、高露洁、福特、ING 金融服务、强生、金百利、卡夫、麦当劳、飞利浦、雀巢、宝洁、联合利华、环球影视、VeriSign、大众等一流企业展开合作，以这些企业实际投入的超过 10 亿美元广告费作为研究对象，通过独特的调查方法对广告的投资收益率进行了准确分析，从而揭示出一种全新的战略方案。

像宝洁和麦肯锡这样的知名公司都曾是本书作者的客户。本书可以帮助企业将存在于宣传活动中的资金浪费现象彻底消除。

概要

一直以来，很多企业在进行营销的时候都不经过科学的营销调查，而是凭借经验与直觉，结果导致营销费用的极大浪费，毫无性

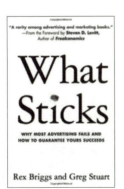

原著：*What Sticks：Why Most Advertising Fails And How to Guarantee Yours Succeeds*
（初版 2006 年）

价比可言。

本书基于对广告效果的科学验证结果，认为通过更有效的广告宣传以及媒体组合最优化，可以削减 4 成的营销费用。

对于营销，特别是促销策略来说，性价比是永远的课题。本书从实际情况出发，给所有的企业提供了分辨有效营销和无效营销的办法。

最后，本书还详细介绍了通过营销的 4M（Motivations、Message、Media、Maximization）来改善实际收益的办法。

重要内容

◇在广告效果的 9 个独立要素之中，有 2/3 都被绝大多数的营销人员忽视了。

营销人员根据决策的方法将与广告效果相关的 9 个要素归纳为

作者简介

雷克斯·布里格斯（Rex Briggs）
营销演变公司（Marketing Evolution）创始人。曾在 WPP 集团等大型企业中担任高级经营管理干部。被《广告周刊》评选为媒体与技术领域"最优秀且聪明的人（best and brightest）"。在客户关系管理、品牌建立、营销设计、互联网营销、广告评价研究等领域获得过许多奖项。

4 个种类（Motivations、Message、Media、Maximization）。但是，很多公司都因为忽视其中的一个或者多个 M，导致广告费用的 40% 都被浪费掉了。特别是绝大多数的企业甚至根本没有系统化的营销决策，而这对于赋予消费者动机是必不可少的。

◇让每次广告宣传活动的目标都保持一致。

COP 的第一个阶段，就是保持宣传活动的目标一致。然而，根据作者对世界前一百强企业中的 30 多家进行调查的结果发现，有 87% 的营销团队在对成功没有一个统一定义的情况下就开始进行营销活动。当有人提出"这次促销活动的目标是 A、B 和 C"的时候，立刻就会有人提出"如果只实现了 A，但 B 和 C 没有达成那么算成功吗？""如果只实现了 B，但 A 和 C 没有实现呢？"之类的问题，出现多个目标相互之间没有整合的情况。因此，通过深入思考，搞清楚真正的成功基准尤为重要。

◇在行动计划上保持一致。

COP 的第二个阶段，就是建立统一的行动计划。根据美国国

作者简介

格雷格·斯图尔特（Greg Stuwart）
互动广告协会（IAB：Interactive Advertising Bureau）CEO，成员企业超过 300 家，包括 Google、MSN、NYTimes.com、Yahoo 等互联网巨头。曾在大型企业、广告公司以及媒体企业中担任要职。

家广告协会（ANA）估计，营销人员将70%的工作时间都花在了返工上。但是如果能够事先共享决策树，让所有人都知道"当首要目标无法实现的时候应该采取什么应对措施"，那么就可以大幅削减返工时间。

◇将营销效果评估与行动计划联系起来。

COP的第三个阶段，是将评估与行动计划联系起来。有了清楚的成功定义，有了明白周到的行动计划（什么情况下采取什么行动），再通过营销效果的分析数据，营销人员就会了解营销活动的哪个环节是按计划进行，哪个环节出了问题。营销人员通过这些数据可以依据具体情况谋求最优化。计划＋评估＋行动＝同样预算取得更好的成果。

◇决定营销成功与否的3个要素：

①动机和需求。

理解消费者为什么会购买某一产品？为什么他们会选用某一品牌？是什么态度和信仰促使消费者始终如一地选择某一品牌而非其

4M								
动机(Motivations)（战略）			信息 (Message)（创意）		媒体 (Media)（分配）		最大化(Maximization)（ROI）	
消费者需求	定位	细分	信息传达	顾客接点统合	媒体力学	媒体心理学	媒体最大化	媒体以外最大化

他同类品牌?

②品牌定位。

懂得如何将自己的产品与主要竞争对手的产品区别开来。明白在消费者的心里，究竟是什么使得你的产品与众不同。

③划分消费者群体。

认识到不同的消费者群体选择购买同一产品的原因也不尽相同。（就动机和定位而言）相比其他消费者群体来说，对于某个特定的消费者群体，你的营销策略可能略有不同。

◇为什么即便是同样的价格和品质，消费者对品牌的动机却完全不同。

通过对动机进行分析，可以确认营销信息是否与消费者的重要动机产生了联系，并且能够把握竞争对手利用了哪些动机。

◇不要被过去的理论和调查结果所迷惑。

影响销量的不是广告记忆率（实证），而是广告是否提高了消费者对产品特性的认识（兴趣）。也就是说，正确认识来自通过在随机试验（注：给某一群体真正的药物，给另一组类似群体假药，以此来测试新药的疗效）中使用科学的观察手段来评估营销所激发的意义和行为。

◇从直觉信息到科学信息。

无论是集中关注情感还是行为，只要是对含有不同要素的两个信息进行对比时，A/B 分离测试都是好的评估方法。这个诞生于电子邮件直销领域的方法，可以随机划分消费者名单，传递不同的信息，然后评估哪些信息在现实世界里表现得更好。

◇让消费者在不同的媒体中看到广告，要比让他们在同一媒体中看三遍同样的广告更有效！

　　消费者会在无意识中浏览广告图案。当不同媒体中出现一致的信息时，其核心信息就会得到加强。比如，收音机里传出来的广告声音会使消费者心中重现电视广告的画面。

　　◇实时进行媒体最优化。

　　飞利浦在促销过程中对营销方式和渠道进行了实时修正。这些整改措施给飞利浦带来了2700万美元的利润增长，使其在2006年第四季度的市场占有率提高了5%。

《如何增加广告黏度：成功案例及方法分析》 目录 体系图

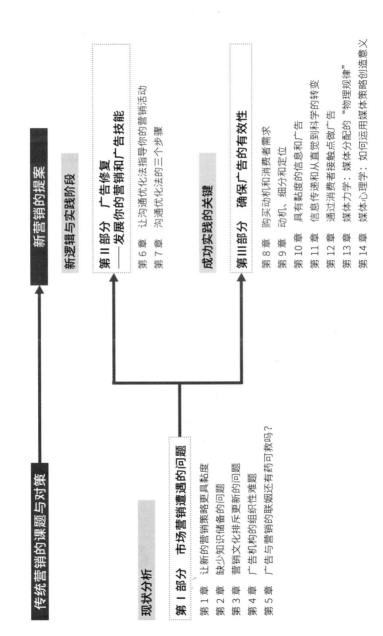

成功创意的六个法则

《让创意更有黏性》

Made to Stick: Why Some Ideas Survive and Others Die

奇普·希思　丹·希思（著）

饭冈美纪（译）
日经 BP 社
价格　　1600 日元

关键词
①新商品开发
②创意思考
③创新

功能分类

一般管理	
逻辑思考	
技术管理·企业家精神	
人（HR·组织行动）	
物（营销）	◎
钱（会计·财务）	
战略	

职位分类

基层	中层	高层
◎		

流传下来的原因

本书通过超具体的事例对产生黏性创意的 6 个法则进行了详细说明。这 6 个法则分别是：

①简约。

②意外。

③具体。

④可信。

⑤情感。

⑥故事。

从总统的演讲到组织变革与领导能力，本书中传递的推动组织前进的重要信息将给每一位读者带来非常重要的启示。

本书自 2007 年出版以来共售出超过 150 万册，并被翻译成 25 种语言出版。

原著：*Made to Stick: Why Some Ideas Survive and Others Die*（初版 2007 年）

概要

索尼的创始人井深大凭借"能放进口袋里的收音机"这一概念，使索尼成为世界知名的企业。而在 1980 年的美国总统选举辩论会上，面对总统吉米·卡特，罗纳德·里根并没有提及关于美国经济停滞的统计数据，只是说了这样一句话，"请大家在投票之前扪心自问，你现在的生活有没有比四年前过得更好。"也就是说，里根并没有说具体的好坏，而是将判断的权利交给选民。结果，里根在大选中获得了胜利。

本书将产生黏性创意的框架总结为以下 6 个法则，并进行了详细的解说：

①简约。

②意外。

③具体。

④可信。

⑤情感。

作者简介

奇普·希思（Chip Heath）
斯坦福大学商学院教授。主要研究组织行为学。为包括 Google 和 GAP 在内的大型企业提供管理顾问服务。曾在芝加哥大学商学院及杜克大学富卡商学院任教。

⑥故事。

这6个法则被直接作为本书每一章的题目，方便读者将本书作为工具书来查阅。

与得出正确答案相比，让对方认识到正确答案并采取行动更加困难。本书就站在后者的立场上对"能够让自己行动起来的信息传递方法是什么？"这一问题进行了非常深刻的分析。

重要内容

◇简约（Simple）。

将最想传达的内容以及核心的部分，在最开头的部分用最简短的语言清楚地表述出来。政治家们的演讲都遵循这一原则。简短但意味深长(根据理解的方式不同，可以有很多种解释）的语言最好。

◇意外（Unexpected）。

正如索尼的"能放进口袋里的收音机"一样，出乎对方意料的

作者简介

丹·希思（Dan Heath）
杜克大学社会企业发展中心高级研究员。在哈佛商学院取得 MBA 学位后，留校担任研究员。在线教育巨头 Thinkwell（思睿）新媒体教育公司联合创始人。

信息十分重要。正如前文中介绍过的《金字塔原理》（芭芭拉·明托著）中所说的"序言部分以讲故事的形式展开"（通过将出乎对方意料的事实和信息放在最开头的部分，可以引起对方的兴趣）一样。

◇具体（Concrete）。

要想让对方能够听得懂、记得住，抽象的理论不如具体的表现。

◇可信（Credible）。

为了让别人相信自己说的话，我们习惯借助权威的意见、专业术语、数字以及图表。但如果这些数字和图表不能简单易懂，那么反而难以给对方留下深刻的印象。

◇情感（Emotional）。

美国遗产基金会制作了一部名为"真相"的广告，广告描写一群少年将1800个装尸袋运到烟草公司的门口，然后用扩音器大声喊道"你知道每天有多少人死于吸烟吗？（1800人＝装尸袋的数量）"。与此同时还出现了另一系列的反吸烟广告——"思考、不要吸烟"。但两者之间的认知率相差8倍，而在关于一年后是否会吸烟的问卷调查中，看过前者的孩子比看过后者的孩子回答不会吸烟的人数多66%。在这一案例中，"真相"广告并不是为了让人理性地做出决定，而是强调了对烟草公司的反抗，也就是利用了人们的情感。

◇故事（Story）。

将具体的内容以讲故事的形式说出来，可以给人留下更加深刻的印象，或者更容易让人行动起来。一个青年通过每天吃赛百味减掉90公斤体重的故事就成功地改变了人们对快餐的印象。

《让创意更有黏性》目录　体系图

创造黏性创意的"Success 法则"

原则一　Simple
第 1 章　简约

- 唯一低成本的航空公司
- 不要隐藏导语
- 如果你同时说三件事，就等于什么都没说
  etc

原则二　Unexpected
第 2 章　意外

- 惊讶的眉毛
- 诺德斯特龙的轮胎防滑链
- 月球行走和口袋收音机
  etc

原则三　Concrete
第 3 章　具体

- 凭证的展现
- 细节的力量
  etc

原则四　Credible
第 4 章　可信

- 牛肉在哪里
- 可验证的凭据
  etc

原则五　Emotional
第 5 章　情感

- 防止语义的延伸："运动员精神"的案例
- 在伊拉克用餐
- 爆米花机和政治学
  etc

原则六　Story
第 6 章　故事

- 施乐公司餐厅里的行话
- 主动的听众
- 赛百味饮食法
- 挑战情节
- 世界银行的故事
  etc

终章（What Sticks）

- 黏性的要素
- 犯人另有其人
  etc

让创意具有黏性的入门书

第六章

钱（会计·财务）

帕利普、巴纳德等《经营分析与评价》
科勒、戈德哈特等《价值评估：公司价值的衡量与管理》（上·下）
布雷利、迈尔斯等《公司财务原理》（上·下）
库珀、卡普兰等《作业成本管理革命》
科普兰、安提卡洛夫《实物期权》
伯恩斯坦《与天为敌：风险探索传奇》（上·下）

第一章　一般管理		
第四章　人(HR·组织行动)	第三章 技术管理· 企业家精神	第二章 逻辑思考
第五章　物（营销）		
第六章　钱(会计·财务)		
第七章　战略		

会计领域的体系书

《经营分析与评价》
Business Analysis & Valuation

克雷沙·G. 帕利普
维克多·L. 巴纳德　保罗·M. 希利（著）
齐藤静树（监译）
筒井知彦　川本淳　八重仓孝
龟坂安纪子（译）
东京大学出版社
价格　　4800 日元

①经营战略分析
②会计分析、财务分析、
　将来性分析
③财务策略
④公开

功能分类

一般管理	
逻辑思考	
技术管理·企业家精神	
人（HR·组织行动）	
物（营销）	
钱（会计·财务）	◎
战略	○

职位分类

基层	中层	高层
△	◎	○

流传下来的原因

　　本书被称为利用财务报表对企业进行分析领域的"圣经"，为企业提供了一个将会计信息适用于企业分析和企业评估的框架。

　　传统的财务报表分析都是通过财务比率对收益率、生产率、风险等指标进行分析，以时间序列或者部门分析为主。这种传统的财务报表分析虽然能够看到当前的问题，但要想对未来进行预测或者以此为基础对企业进行评估的话就派不上用场了。

　　本书以传统比率分析的知识为基础，又讨论了将其应用于对未来进行预测和分析的概念与方法，堪称将定量分析与定性分析连接起来、对企业未来进行综合分析做了系统论述的名著。本书被许多商学院选为会计课程的教科书，是这一领域的杰作之一。

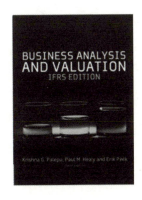

原著：*Business Analysis & Valuation*
（初版 1996 年）

概要

利用财务报表对企业进行分析，大致可以分为以下 4 个步骤：

①管理战略分析。

②会计分析。

③财务分析。

④前景分析。

首先，管理战略分析（行业分析、竞争战略分析、企业整体战略分析）能够明确决定企业收益的要因以及主要风险。在行业分析中，为了把握行业的收益率，本书使用了五力分析法。在竞争战略分析中，因为要想实现竞争优势需要采取成本优势或者差异化的方法，所以，本书对自身是否具备执行上述方法的能力，以及是否能够将优势保持下去进行了讨论。在企业整体战略分析中，本书对企业是否能够通过发挥整体战略实现成本优势以及差异化等进行了分析。

其次，会计分析主要通过资产负债表、利润表和现金流量表这

作者简介

克雷沙·G. 帕利普（Krishna G.Palepu）在印度安多拉大学取得学士与硕士学位，在印度商学院取得 MBA 学位，后进入麻省理工学院取得博士学位。1983 年起在哈佛商学院任教，现在担任该校教授。兼任会计与管理部门主席。

"财务三表"进行分析。分析大体上可以分为"资产分析""负债与资产分析""收益分析""成本分析"以及"会计主体分析"这五项。会计分析的目的在于搞清楚会计究竟在多大程度上把握了隐藏在事业深处的真实情况。利用资产、负债与资产、收益、成本、会计主体等对会计数值可能出现偏差的几个关键点进行诊断，并且对偏差的程度进行评估。当将会计数值修正为真实数值之后，就可以进入下一个财务分析阶段。

再次，财务分析可以通过财务数值对企业现在和过去的业绩进行对比，从而对业绩的持续性进行评估。在这一阶段可以利用比率分析和现金流分析这两种工具，前者可以使用利润表、资产负债表来进行分析，后者可以使用现金流计算表来进行分析。

分析主要以销售额纯利润率（对销售活动的管理）、资产周转率（对投资的管理）、财务杠杆（对负债的管理）为中心进行评估，对 ROE（净资产收益率）的等级进行诊断。现金流分析主要对企业的销售活动、投资活动以及财务活动进行分析，并且对比率分析提供支援。

作者简介

保罗·M. 希利（Paul M.Healy）
在新西兰维多利亚大学取得会计与金融学士学位，后进入美国罗切斯特大学继续深造，取得经济学硕士以及管理学博士学位。1983 年进入麻省理工学院斯隆商学院任教，成为该校教授。1997 年起进入哈佛商学院担任教授。

最后，前景分析需要分为"预测"与"评估"两个阶段进行。在"预测"阶段，需要将之前通过管理战略分析、会计分析以及财务分析获得的对未来的预测整合到一起，然后对销售额、成本、利润、平衡表项目、现金流进行预测。而在"评估"阶段，需要对企业未来能够具有多少企业价值进行预测。企业评估的方法包括市盈率乘数法、现金流量贴现法、eva评估法等许多方法，这些方法各有其适用的情况以及局限性，本书在第12章中通过具体的案例对这些方法进行了通俗易懂且十分详细的解说。

另外，本书还针对"股份分析""债券分析与财务危机的预测""企业收购""企业的财务策略""管理者的信息公开"等各个决策场面，通过5家企业的真实案例进行了一系列的企业分析，帮助读者们加深理解。

作者简介

维克多·L. 巴纳德（Victor L. Bernard）
1928 年出生。在伊利诺伊大学取得博士学位。执笔本书时担任密歇根大学教授。历任密歇根大学佩顿会计中心所长与美国会计学会研究部长。
1995 年去世。

重要内容

◇企业的管理者可以通过选择不同的会计和信息公开的方针政策，使通过财务报告了解企业情况的外部人员难以把握企业的真实情况。

◇通过管理战略分析，分析师可以对企业的经济状况进行定性评估，这也是财务报表分析最重要的作用。

◇通过理解财务报告制度的框架，可以评估出会计数值究竟有多大程度的偏差。

◇要想知道企业现在的资本构成以及分红策略是否实现了股东价值的最大化，可以通过评估资产负债的会计分析、把握事业奉献的比率分析以及明确投资需求的现金流分析和前景分析这些实用的分析工具进行分析。

《经营分析与评价》目录　体系图

企业分析的基础

第 I 部分　绪论

有效利用财务报表进行经营分析与评价的框架

第 II 部分　经营分析与评价的工具

管理战略分析

・行业分析
・竞争战略分析
・企业整体战略分析

会计分析

・资产分析
・负债与资产分析
・收益分析
・成本分析
・会计主体分析

财务分析

・比率分析
・现金流分析

前景分析

・预测
・评估理论与概念
・企业评估的实际

企业分析的应用

案例研究

第III部分　企业分析的应用

第IV部分　企业分析的案例

股份市场

・股份分析

债券市场

・债券分析与财务危机的预测

企业收购策略

・企业收购

主要财务策略

・企业的财务策略

IR 策略

・管理者的信息公开

互联网服务供应商

America Online.Inc

日曜大工用品（DIY）仓储式量贩店

The Home Depot.Inc

皮鞋生产商

Maxwell Shoe Company.Inc

电子设备公司

Schneider and Square D

休闲服装生产商

The Gap.Inc

关于财务领域企业价值的体系书

《价值评估：公司价值的衡量与管理》（上·下）

评估的理论与实践

Valuation: Measuring and Managing the Value of Companies

麦肯锡管理顾问公司
蒂姆·科勒　马克·戈德哈特
戴维·韦塞尔斯（著）

本田桂子（监译）　柴山和久
中村正树　三岛大辅等（译）
钻石社
价格　　各 4000 日元

① 现金流量贴现法
② CAPM（资本资产定价模型）
③ WACC（加权平均资本成本）
④ 实物期权

功能分类

一般管理	
逻辑思考	
技术管理·企业家精神	
人（HR·组织行动）	
物（营销）	
钱（会计·财务）	◎
战略	○

职位分类

基层	中层	高层
△	◎	○

流传下来的原因

股价与事业价值和股东价值息息相关，如果不能提高事业价值，就无法提高股价，这也是金融理论的原点。企业通过开展事业活动来创造价值，要想提高企业价值就必须提高股价，而为了实现这一目标，企业必须思考具体应该做些什么才好。

为了回答上述问题，本书针对企业价值的必要性、如何对企业价值进行管理以及计算企业价值的理论框架等进行了论述，并且通过翔实的案例对如何创造企业价值进行了详细的说明。

本书被许多国家的商学院选为指定教材，与后文提到的布雷利和迈尔斯等人所著的《公司财务原理》并称为公司财务领域的"圣经"。

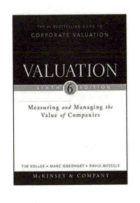

原著：*Valuation: Measuring and Managing the Value of Companies*
（初版 1981 年）

概要

　创造企业价值并对其进行管理是企业管理中不可或缺的能力。企业价值创造的本质包括以下5个方面：

　①投入的资产通过获取比机会成本更高的回报来创造价值。

　②通过采取能够使未来现金流或者现在的经济利润最大化的战略来创造价值。

　③通过使ROIC（资本回报率）实现超过资本成本的极限成长来创造价值。

　④股价由市场针对企业未来业绩的期待决定，但市场的期待不一定能够准确地预测业绩。

　⑤股东获取的回报，主要由企业将来的真实业绩与期待业绩之间的差距决定。

　另一方面，在实际执行的时候需要用到以下指标：

　①股市情况［判断是否能够实现股东价值创造的最终指标是

作者简介

蒂姆·科勒（Tim Koller）
在芝加哥大学商学院取得MBA学位。麦肯锡管理顾问公司合伙人。在麦肯锡纽约分公司工作的25年间，为全世界的客户提供关于企业战略、M&A、企业价值创造管理的宝贵建议。企业绩效中心负责人、全球企业金融研究集团负责人之一。同时还组织与企业价值评估和资本市场相关的调查研究。

股票市场、股东整体回报率（TRS）与市场增加值（MVA）等为基准]。

②企业价值（根据 DCF 法和市盈率法来计算得出）。

③财务指标［ROIC（资本回报率）]。

本书还特别指出，在对是否能够达成目标业绩进行分析，以及为了把握将来业绩会出现怎样的变化而进行模拟的时候，找出对企业价值具有极大影响的价值动因并且对其进行管理尤为重要。

为了实现价值创造管理，必须在以下 6 个领域展开行动：

①理想与数值管理。

②事业证券投资组合管理。

③组织设计。

④找出价值动因。

⑤事业部门的绩效管理。

⑥个人绩效管理。

要想使行动顺利展开，领导层的支持是必不可少的。

作者简介

马克·戈德哈特（Marc Goedhart）
麦肯锡管理顾问公司高级顾问。拥有 15 年的工作经验，曾为欧美的众多客户提供事业投资组合重组、M&A 等咨询服务。欧洲企业绩效中心负责人。在鹿特丹埃拉斯穆斯大学取得金融博士学位。在该大学作为副教授并教授金融学。

重要内容

◇现在企业经常使用的经营指标有股东整体回报率（TRS）、现金流量贴现法（DCF）、经济利润、经济附加值（EVA）、现金回报率（CFROI）、资本回报率（ROIC）、每股盈余（EPS）等，但应该根据目的分别使用。

◇在对过去的收益率进行分析时使用的资本回报率（ROIC），能够把握影响针对投资的回报的主要因素。因此，通过将 ROIC 分解为销售利润率（EBITA/ 销售额）和资产周转率（销售额 / 投入资本），可以把握企业从销售额中提升利润的效率，以及投入资本得到了多大程度的利用。

◇股市之中导入了多样的重组方法，因此企业重组拥有了更多的选项。除了事业出售这种传统的方法之外，还有资产剥离、管理层收购、追踪股、资本外流等。在决定哪种方法对股东来说最为合适的时候，企业价值评估就显得尤为重要。

◇在对新兴市场中的企业进行价值评估的时候，常用以下 3 种

作者简介

戴维·韦塞尔斯（David Wessels）
曾在麦肯锡管理顾问公司任职，后进入宾夕法尼亚大学沃顿商学院担任副教授（金融专业）兼任行政主任。曾被《商业周刊》评选为"顶级商学院教授"。在加利福尼亚大学洛杉矶分校取得博士学位。

方法：

①利用不包含国家风险溢价的资本成本，对每一个方案进行现金流量贴现，用方案发生概率取加权平均的方法。

②包含国家风险溢价的现金流量贴现法。

③使用公开时价总额或多重交易的方法。

但最好通过多种方法进行比较之后计算出一个综合的价值。

◇日本与美国在企业价值评估上的主要差异在于，不同法规导致的商业习惯上的差异、不同会计基准导致的会计上的数值差异以及税制差异，这些都源于日本资本市场的独特性。

198

《价值评估：公司价值的衡量与管理》（上·下）目录 体系图

| 手段方法论 | → | 一系列的流程解释 |

财务领域整体的体系书

《公司财务原理》（上·下）

Principles of Corporate Finance

**理查德·布雷利
斯图尔特·迈尔斯
富兰克林·阿伦（著）**

藤井真理子　国枝繁树（监译）
日经 BP 社
价格　　各 6000 日元

①净现值（NPV）
②风险
③资本资产定价模型
④加权平均资本成本

功能分类

一般管理	
逻辑思考	
技术管理·企业家精神	
人（HR·组织行动）	
物（营销）	
钱（会计·财务）	◎
战略	○

职位分类

基层	中层	高层
△	◎	○

流传下来的原因

　　企业通过对事业（实物资产）进行投资来创造价值，从而使企业价值得到增长，而公司金融的目的也是增加企业价值。本书用通俗易懂的语言对财务上的决策进行了概括性的说明，每一位财务负责人都可以通过本书学习到在企业面对不同环境时所需要的基础理论。

　　本书出版于 1981 年，随后不断再版，并在全世界范围内广泛流传。欧美的许多顶级商学院都将本书作为金融领域的指定教材，本书也被称为公司金融领域的"圣经"。

原著：*Principles of Corporate Finance*
（初版 1981 年）

概要

本书是对财务上的决策进行概括性说明的名著。企业为了增加价值必须进行投资，投资的流程包括以下 4 个步骤：

①从投资家和债权人处筹集资金。

②将筹集到的资金投入到有发展潜力的事业上。

③回收资金。

④偿还、分配资金。

这个过程中存在着许多问题，比如，为了增加价值应该如何筹集资金、怎么找出能够切实增加价值的投资、为了增加价值应该选择怎样的资本构成、为了增加价值应该采取怎样的收益分配方法、应该如何进行风险管理等等。针对这些问题，本书用通俗易懂的语言给出了系统化的解答。

作者简介

理查德·A. 布雷利（Richard A. Breally）
英格兰银行总裁特别顾问，伦敦商学院金融学客座教授。1968 年 ~1998 年担任伦敦商学院教授，欧洲金融学会会长。曾担任多家金融机构董事。曾出版《普通股的风险与收益导论》（*Introduction to Risk and Return from Common Stocks*）等多部著作。

重要内容

◇假设你投资 100 美元，然后开始扔硬币。在第一种情况下，每当你扔出正面，则获得投资金额的 20%，扔出反面则减掉投资金额的 10%；而在第二种情况下，每当你扔出正面则获得投资金额的 35%，扔出反面则减掉投资金额的 25%。第一种情况的预期收益率是 10%，标准偏差为 21；第二种情况的预期收益率同样是 10%，但标准偏差却是 42。也就是说，第二种情况出现的风险是第一种情况的 2 倍。

◇假设凯迪拉克的 4S 店为你提供了一项特殊服务，只要支付 45001 美元就可以获得一辆最新款的凯迪拉克轿车，并且还能和你喜欢的电影明星见面握手。如果你对这辆车的估价是 46000 美元，那么就相当于 4S 店为了让你和明星见面握手而支付了 999 美元。

作者简介

斯图尔特·C. 迈尔斯（Stewart C. Myers）
麻省理工学院斯隆管理学院金融学教授。曾任美国金融协会主席，美国国民经济研究局研究员。主要研究领域为融资决策、估值方法、资本成本以及政府监管中的财务问题。

但如果你对这辆车的估价是 45000 美元，那么就相当于你为了和明星见面握手而支付了 1 美元。为了避免错误估价，在估价的时候必须以市场价值为出发点。

◇假设你在 10 年前花 60000 美元买了一套房子，贷款房价的 50% 也就是 30000 美元。现在这套房子的价值上涨到了 120000 美元。你还清了当时贷款的 30000 美元，然后又重新贷款了 60000 美元。那么，虽然这 60000 美元的贷款还是相当于现在房价的 50%，但你账面上负债的比率却是 100%（因为房子的账面价值是 60000 美元）。如果分析家只看账面信息，那么或许会与 10 年前的账面负债比率 50% 进行对比，做出"比以前负债更高"的判断。但实际上因为房子的市场价值上涨，所以实际的负债比率还是 50%，并没有提高。

◇假设有两家公司，一家是没有发行公司债券的 U 公司，一家是以 8% 的利息发行了 1000 美元公司债券的 L 公司。L 公司因为公司债券的节税效果（假设法人税率 35%），使收入增加了 28 美元（80 美元 × 35%）。这样一来，L 公司从今往后每年都可以增加 28 美元的现金流。因此，节税效果的现在价值就是 350 美元（28 美元 ÷ 8%）。

◇现在来思考一下以技术废弃看跌期权时的价值评估。假设无法废弃的项目的价值（原资产的现价值）是 1200 万美元。那么当需求旺盛的时候，第一年价值会上升 50% 达到 1800 万美元，需求紧缩的时候价值则会缩水 1/3 变成 800 万美元。那么在需求旺盛的时候应该继续该项目，而需求紧缩的时候则应该废弃该项目或者以 1000 万美元的价格将其卖出。在这种情况下，看跌期权的价值就是 200 万美元（1000 万美元 ~800 万美元）。假设利息为 5%，那么期望收入就是 108 万美元减掉 5% 的利息，剩下 103 万美元。在实物期权中，需要在原资产的现价值 1200 万美元的基础上加上齐全的价值 103 万美元，这样一来项目的价值就增加到了 1303 万美元。

《公司财务原理》（上·下）目录　体系图

公司金融的应用与实践 → **公司金融的局限性与课题**

第VI部分 期权
- 第 20 章 理解期权
- 第 21 章 期权股指
- 第 22 章 实物期权

第VII部分 债务融资
- 第 23 章 信用风险和公司负债的价值
- 第 24 章 多种不同类型的负债
- 第 25 章 租赁

第VIII部分 风险管理
- 第 26 章 广利风险
- 第 27 章 国际风险管理

第IX部分 财务计划和营运资本管理
- 第 28 章 财务分析
- 第 29 章 财务计划
- 第 30 章 营运资本管理

第 X 部分 并购、公司控制和治理
- 第 31 章 并购
- 第 32 章 公司重组
- 第 33 章 世界范围的公司治理和控制

第XI部分 结论
- 第 34 章
  关于金融,我们的已知和未知

金融理论中最重要的七个思考方法:
1. 净现值
2. 资本资产定价模型
3. 有效资本市场
4. 价值的增值性与价值维持的法则
5. 资本构成理论
6. 期权理论
7. 代理理论

金融理论中的十个未解决问题:
1. 如何进行重要的财务决策?
2. 项目的风险与现值由什么决定?
3. 除了风险与回报之外还欠缺什么?
4. 有效市场假设与计划内案例究竟有多重要?
5. 管理层是资产负债表中的负债吗?
6. 如何说明新证券和新市场的成功?
7. 分配争能够解决到什么程度?
8. 企业应该承担什么风险?
9. 流动性的价值何在?
10. 如何解释合并热潮?

关于管理会计概念之一的研究

《作业成本管理革命》

让美国企业重获新生的成本管理法

Implementing Activity–Based Cost Management

罗宾·库珀　罗伯特·S.卡普兰
劳伦斯·S.迈赛尔　艾琳·莫里西
罗纳德·M.欧姆（著）

KPMG 毕马威　KPMG 世纪监察法人（译）
日本经济新闻出版社
价格　　3689 日元

①作业成本（ABC）
②作业成本管理（ABM）
③成本动因
④业务活动分析

功能分类

一般管理	
逻辑思考	
技术管理·企业家精神	
人（HR·组织行动）	○
物（营销）	
钱（会计·财务）	◎
战略	○

职位分类

基层	中层	高层
△	△	◎

流传下来的原因

20 世纪 80 年代，面对竞争日趋激烈的严峻环境，美国企业不得不进行战略重组和成本削减。而企业为了向顾客提供产品和服务，在消耗了多少经营资源这方面，必须获取准确的信息。

20 世纪 80 年代后半段，美国制造业的竞争力开始出现衰退的迹象，于是能够提高收益和削减成本的作业成本（ABC）开始得到人们的关注，市面上出现了许多关于作业成本的书籍，相关的学习会也在各地召开。但是，没有一本书对实际的 ABC 系统设计、ABC 项目管理、基于 ABC 信息进行决策等内容进行系统化的说明，管理者和管理会计部门都迫切需要对导入 ABC 的真实案例进行研究。

正是在这种背景下，哈佛大学的罗伯特·S.卡普兰教授、罗宾·库珀教授、劳伦斯·迈赛尔和毕马威的管理顾问部门合作，对真实的案例进行研究，得到的最终成果就是本书。

原著: *Implementing Activity-Based Cost Management*（初版 1993 年）

概要

本书所介绍的 ABC（Activity Based Costing）系统与传统的成本计算系统存在根本性的不同。

传统的成本计算是根据账簿科目的特性，按照一定的基准对人数、面积、销售额和毛利率等间接成本进行分配，而这个一定的基准往往是劳动时间、机器运转时间等定量。但是，被当作间接费用消耗掉的资源会因为运转率的差异而产生巨大的变化，所以最终常常出现成本与生产量不成比例的情况。也就是说，想要准确把握某种产品或者某个顾客群体是否盈利非常困难。

而 ABC 系统则完全解决了这个问题，因为每个作业的成本被准确地记录下来，管理者可以对个别事业的盈利情况进行周密分析。

ABC 系统的设计按照以下 4 个步骤进行，所以能够准确地将间接成本分配到最终产品上，从而对成本进行准确的计算。

①作业明确化。

作者简介

罗宾·库珀（Robin Cooper）
1979 年在哈佛大学取得 MBA 学位。1982 年在哈佛商学院取得管理学博士学位，同年就任该校教授。1990 年，凭借其在产品原价决定领域的相关研究获得第一届"会计学教育改革奖"。1992 年 9 月就任克莱蒙特研究生院彼得·德鲁克管理中心教授。主要研究管理会计领域，现在的研究重心在 ABC 系统的设计与利用上。

②按照作业计算成本。

③最终产品明确化。

④按照最终产品计算作业成本。

更重要的一点是，与其说 ABC 是成本计算系统，不如说是经营管理系统。本书介绍了制造业、金融服务行业以及大型能源企业的相关案例，其中不乏基于 ABC 分析获得的信息进行决策和采取行动的情况。也就是说，在进行产品与服务的导入或撤退，价格设定，生产、物流以及营销的等级设定，商业流程再设计等相关的决策时，都会用到 ABC。

但另一方面，正如一部分企业案例中出现了项目进展缓慢的情况所显示的那样，企业在应用 ABC 的时候经常会出现准备不充分的情况。事实上，将 ABC 应用于现场往往会给管理带来巨大的负担。另外，要想成功地进行 ABC 管理，分析流程阶段的项目管理能力、进行决策和行动时的组织变革流程管理能力，都是必不可少的。作为补充，本书还介绍了以提高 ABC 管理的价值为目的而进行的 ABC 导入的基本步骤。

作者简介

罗伯特·S. 卡普兰（Robert S. Kaplan）
参见后文《战略中心型组织》。

要想应用 ABC，必须做好充足的准备甚至改变企业的体制，如此，势必要投入大量的精力，并且需要解决许多前所未有的问题。而传统的成本计算方式难以准确把握个别事业的盈利情况，可能会导致决策出现错误。不管采用哪种方法都不得不面对实际存在的问题，因此需要经过慎重考虑再做出最后的判断。

重要内容

◇传统的成本计算系统无法准确地计算最终产品消耗的资源成本。

◇ ABC 系统能够通过成本动因把握各个作业的成本，因此可以准确地计算出成本。

◇ ABC 系统与其说是成本计算系统，不如说是帮助进行经营计划和预算控制的经营管理系统。

◇案例研究的结果使得作业及商业流程信息能够被应用于流程

作者简介

劳伦斯·S. 迈赛尔（Lawrence S. Misel）
曾担任毕马威管理顾问部门国内负责人，后成立迈赛尔管理顾问集团，担任董事长。在管理层、财务以及产品线管理等部门拥有 25 年以上的管理顾问经验，现在专门研究利用作业成本管理改善利润、业务流程重组、绩效检测等。

改善与重组、流程削减等方面。

◇成本动因信息不但可以作为将来业绩改善的目标，还可以应用于将来的产品设计、产品价格设定以及管理顾客关系上。

◇与产品及顾客成本／收益相关的信息，可以帮助企业搞清楚利润来自哪个产品线、顾客群体或者细分市场，以及各个产品及顾客出现意料之外高成本的原因。甚至，还有很多企业根据上述信息进行产品线调整、价格设定、顾客构成、流程改善等。

◇要想成功进行 ABC 管理，分析流程阶段的项目管理能力、进行决策和行动时的组织变革流程管理能力都是必不可少的。

作者简介

罗纳德·M. 欧姆（Ronald M. Oehm）
现任毕马威管理顾问部门总负责人。

作者简介

艾琳·莫里西（Eileen Morrissey）
曾在毕马威任职，现任普华永道国内制造业管理顾问部门总经理。

214

《作业成本管理革命》目录　体系图

ABC 的基础

调查项目的发现事项概要

第 1 章　概论

理解 ABC 相关术语与概念

第 2 章　ABC 系统

八个案例研究

1. 决定实施 ABC 的契机
2. 实施流程与必要的经营资源
3. 通过 ABC 获得的成果与内容
4. 企业基于结果采取的行动

案例①半导体制造业

第 3 章　美国超威半导体公司

案例②过滤材料制造业

第 4 章　法拉尔

案例③金属加工与销售业

第 5 章　威廉姆斯兄弟金属

案例④墨水制造业

第 6 章　阿拉斯加油墨

案例⑤镜子制造业

第 7 章　君臣门镜公司

案例⑥证券交易所

第 8 章　管家公司

案例⑦汽车零部件经销商

第 9 章　斯莱德制造：HAP

案例⑧食品制造业

第 10 章　卡夫食品有限公司

ABC 的总结

ABC 模型的概要

第 11 章　ABC 模型分析

ABC 模型容易出现的错误和问题点

第 12 章　ABC 项目在组织上的问题点

补充 ABC 导入的基本步骤

①决定项目的范围、时期、目的
②发现事实
③组建项目团队、制订作业计划
④进行研修
⑤获取作业相关信息
⑥将作业附加价值代码化
⑦设定作业中心
⑧将与劳务相关的费用阶层化
⑨将与劳务无关的成本分类
⑩认识与获取成本动因信息
⑪导入模型
⑫应用模型与制作报告书

关于财务新决策方法之一的研究

《实物期权》

战略灵活性与管理决策
Real Options

汤姆·科普兰
弗拉基米尔·安提卡洛夫（著）

栃本克之（监译）
东洋经济新报社
价格　　3800 日元

①实物期权
②投资决策评估
③ NPV（净现值）

功能分类

一般管理	
逻辑思考	
技术管理·企业家精神	
人（HR·组织行动）	
物（营销）	
钱（会计·财务）	◎
战略	○

职位分类

基层	中层	高层
△	△	◎

流传下来的原因

一直以来，在对投资决策进行评估的时候，最常用的是净现值法（NPV），但 NPV 因为没有考虑到管理上的灵活性，出现过低估计投资机会的失误。

另外，传统的决策树分析法，首先设定了一个风险概率，所以在对不同的经营判断会给企业的现金流带来怎样的影响这个问题上，无法给出十分准确的答案。而实物期权分析因为加入了未来的不确定性，可以根据具体的经营判断对将来的现金流变化做出应对，从而帮助管理者更准确地做出投资决策。

在实际投资经营中，可能会出现延期、放弃或者追加投资等期权选择情况，实物期权因为考虑到了上述这些经营中的灵活性，所以能够对投资进行准确评估。本书为管理者提供了将实物期权理论应用于企业决策中的方法，堪称这一领域的"圣经"。

概要

期权理论虽然凭借默顿、布莱克和斯科尔斯等人的研究得到了

原著: *Real Options*
（初版 2003 年）

长足的发展，并且后来又出现了许多实证论文，但要想真正了解期权就必须掌握非常高深的数学知识，因此一般的企业都对其敬而远之。

但是，随着计算机技术的发展，利用计算机可以轻而易举地建立起便于管理层理解的模型。这样一来，只要是能够用传统的NPV进行分析的项目，都可以通过期权进行准确分析。

所谓实物期权，指的是在事先决定好的期限（执行期限）内，以事先决定好的成本（执行价格），形成某种期权（延期、扩大、缩小、放弃等）的权利（而非义务）。

本书首先对看涨期权（延期期权）、单纯的看跌期权（中止期权、放弃期权）、事业扩大期权（扩张期权）、缩小期权（收缩期权）等进行了单独解说，然后又对这些期权组合进行了解说。

在对上述内容进行详细解说的基础上，本书又对更加复杂且更具有实用性的实物期权进行了解说。所谓更加复杂且更具有实用性的实物期权，包括期权价值依赖于其他期权的复合期权，以及允许期权的所有者可以随时开始、中止、变更业务形态，或者加入与撤退的转换期权。此外，本书还介绍了通过将每年的期权模型化来提

作者简介

汤姆·科普兰（Tom Copeland）
摩立特集团的首席财务官，并担任公司财务主管。在全世界34个国家为超过200家企业提供过管理顾问服务，是企业评估领域的权威。

高期权准确度的方法。不仅如此，本书还对导入实物期权时的 4 个阶段流程进行了详细说明，并且介绍了根据现实数据对不确定性进行推算的方法以及对不确定性进行分别应对的期权评估方法。

本书通过翔实的案例，为读者提供了具体的应用情况和解决问题的方法，对于想要在自己企业之中导入实物期权的管理者来说，本书是绝对不能错过的佳作。

重要内容

◇实物期权能够根据期权理论对企业面对不确定的未来时所使用的灵活性战略进行评估，是能够对管理决策提供强力支援的具有划时代意义的方法。

◇杜克大学的约翰·古拉哈姆教授的最新研究表明，在美国 4000 家主要企业之中，有 27% 的企业在进行重要决策时导入了实物期权。

◇实物期权影响价值的 6 个变量如下：

作者简介

弗拉基米尔·安提卡洛夫（Vladimir Antikarow）
1992 年进入摩立特集团，从事与实物期权相关的管理顾问服务。

①风险原资产的价值。

②执行价格。

③执行期限。

④风险原资产的标准偏差。

⑤期权拥有期间的无风险率。

⑥从原资产中支付的红利。

◇以下 3 种情况可以使实物期权的价值最大化：

①未来的灵活性很高。

②管理上的灵活性很强。

③不考虑灵活性的 NPV 无限接近于零。

◇在导入实物期权的时候，流程如下：根据 DCF 评估模型计算出不考虑灵活性时的现值→使用事件树※将不确定性模型化→制作能够反映管理上灵活性的决定树→进行实物期权分析。

◇用来统合不确定性的蒙特卡罗流程包括：通过期望现金流量法计算现值→将变动的不确定性模型化→利用蒙特卡罗模拟※求出现价值的分布→制作事件树。

※ 事件树：事件树分析法（Event Tree Analysis，简称 ETA），从初始事件开始，将整个事件流程以树状图的形式展开并进行分析的方法。通过对初始事件的发生概率以及从某事件发展出另一事件的概率进行定量分析，判断事件在过程中或者最终有多大的概率发生。
※ 蒙特卡罗模拟：一种可以多次产生随机数的模拟。与轮盘赌和摇骰子之类追求随机数的赌博行为有异曲同工之妙，因此以摩纳哥著名的赌场命名。

《实物期权》目录　体系图

| 实物期权的基础 | → | 通过实物期权进行分析与决策 | → | 实物期权的案例研究与考察 |

第 I 部分　导入部分

实物期权的概要（定义、术语、案例）

第 1 章　什么是实物期权？

营销领域中的决策案例

第 2 章　空客公司的案例

NPV 概述

第 3 章　净现值（NPV）

与传统决策工具（NPV、决定树）的比较

第 4 章　净现值（NPV）、决定树与实物期权的比较

第 II 部分　期权分析与应用

单纯期权

第 5 章　单纯期权的数值化方法

· 看涨期权（延期期权）
· 看跌期权（中止、放弃期权）
· 扩大期权（扩张期权）
· 缩小期权（收缩期权）

更复杂且现实的两种期权

第 6 章　复合期权与转换期权

两种期权价值评估方法

第 7 章　从一个期限一个阶段到多个阶段

实物期权的流程

第 8 章　实物期权评估的 11 个阶段流程

统合多个不确定性的分析（蒙特卡罗分析）

第 9 章　波动性统计：统合的方法

需要分别应对多个不确定因素时的实物期权

第 10 章　不确定性因素的个别应对

第 III 部分　案例与难题的考察

应对多个不确定因素时的方法

第 11 章　案例

更复杂的案例与博弈论：实物期权的关系

第 12 章　关系与课题

与财务中的重要概念"风险"相关的研究

《与天为敌：风险探索传奇》（上·下）

Against the Gods: The Remarkable Story of Risk

彼得·伯恩斯坦（著）

青山护（译）
日本经济新闻出版社（日经商务人文库）
价格　　各 714 日元

 关键词
①风险
②利润
③不确定性
④博弈论

功能分类

一般管理	
逻辑思考	
技术管理·企业家精神	
人（HR·组织行动）	
物（营销）	
钱（会计·财务）	◎
战略	○

职位分类

基层	中层	高层
△	△	◎

流传下来的原因

所谓风险，其实就是"不确定性"。在现代商业活动中，不确定性越来越高，所以在做决策的时候必须要将不确定性也考虑进去。预测将来可能会发生什么，准备多个替代方案，对现代商务人士来说，这是不可或缺的能力。通过对风险进行管理，可以为很多决策指明方向。

本书通过很多小故事，讲述了人类挑战风险的历史，揭示了风险的本质，为人类如何展望未来提供了宝贵的建议。本书堪称学习风险管理本质的"圣经"。

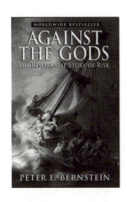

原著: *Against the Gods:*
The Remarkable Story of Risk
（初版 1996 年）

概要

本书引用许多历史伟人的所思所想，对"要想将未来置于现在的控制之下，究竟应该怎么做"这一问题展开分析与讨论。

风险的概念最早起源于印度—阿拉伯的计数体系，但对风险正式进行研究则开始于文艺复兴时期。从文艺复兴开始一直到现在，凭借卡尔达诺、帕斯卡、皮埃尔·德·费马、帕乔利、丹尼尔·伯努利、雅各布、贝叶斯、冯·诺依曼、高斯、布莱克、肯尼斯·阿罗、哈利·马科维茨等人的不懈努力，风险的概念得到了更进一步的发展。

他们改变了人们对风险的认知，将风险从损失的可能性改变为获取利益的机会，甚至成为基于概率对将来进行预测的方法，让人们从面对风险束手无策的状态转变为可以做出选择的状态。

作者简介

彼得·伯恩斯坦（Peter L. Bernstein）
1919 年出生。1940 年毕业于哈佛大学。大学时，师从里昂惕夫、熊彼得等经济学大师。毕业后在联邦银行纽约分行、纽约联合银行等银行积累了丰富的工作经验后，接管了其父亲创办的投资管理公司。1973年他以自己的名义又创办了一家新的投资咨询公司，提供高级投资咨询服务。他曾在世界各地举办过演讲活动，并且出版了许多著作。2009 年去世。

本书讲述了"最好的决策受到过去模式和基础数据的限制"与"最好的决策基于对不确定的未来更大程度上的主观信仰"这两派之间持续的斗争，证明了每一个最好的决策背后都隐藏着定量的方法与数字。

在历史的争论中，甚至有人认为概率、均值回归、分散投资等风险管理的理论毫无用处。但这种想法是正确的吗？答案当然是否定的。本书的作者认为，"人类未享受到规定客观存在的世界秩序的法则的全部知识。"也就是说，正因为人类无法获取关于未来的全部数据，所以才会做出不合理的行为。

作者认为，风险管理的本质就是，将能够在某种程度上对结果进行控制的领域最大化，将不能对结果进行控制、结果与原因之间的关系不确定的领域最小化。也就是说，实际采取行动的时候，应该先考虑风险（概率）再开始行动。不只是说商业活动，人类的一切活动都应如此。

重要内容

◇所有朝上一面的数字的一半总是表现了一种平等，这样某一个特定的点数在 3 次掷骰子中出现的机会是相等的，因为总数为 6，或者是 3 个特定数字之一在一次投掷中出现的两倍。如果骰子是诚实的，那么赌注应该与这种平等性相符。

◇对于想生两个孩子的家庭来说，生出男孩和女孩的结果有4种。"两个都是男孩""两个都是女孩""一男一女（男孩先出生）""一女一男（女孩先出生）"。因此，对于想生两个孩子的家庭来说，至少生出一个男孩的可能性是75%，男孩女孩各一个的概率是50%。

◇从一个装满3000个白色卵石和2000个黑色卵石的罐子中重复25500次取出卵石的动作，那么最终结果与实际比率3∶2的误差在2%以内。

◇连续投掷一枚骰子6次的均值是3.5，连续投掷两枚骰子6次的均值是3.5的2倍，即7。从7开始向两侧分别走到2和12的过程中，落在7两侧的数字会以不断减少的频率出现。

◇如果一个人最喜欢喝咖啡，其次喜欢喝茶，最不喜欢喝牛奶，那么当问他"你想要一杯咖啡，还是想要一杯茶或奶"的时候，咖啡和茶或奶出现概率各占50%，我们肯定知道他会回答想要咖啡。但如果这个人最喜欢牛奶，其次喜欢咖啡，最不喜欢喝茶，那么面对同样的问题，我们对于他会做出什么回答就不那么确定了。

◇12个市场的每月标准差的平均值是10.0%，但分散组合的标准差只有4.7%，由此可见，分散组合更有利可图。

◇在一次要求被调查人从"高就业率加高通货膨胀"与"低就业率加低通货膨胀"中选择一种。当被调查人在5%或10%的失业率中选择时，人们乐于接受较高的通货膨胀以降低失业率。但是在90%或95%的就业率中选择时，低通货膨胀又显得比增加5%的就业率更为重要。

◇如果微软的股票上涨到100美元，期权买方执行以90美元买入的权利，那么期权的卖家就损失了10个点，但如果微软的股价跌到83美元，那么期权的卖家则能够享受到4.5美元的利润。

《与天为敌：风险探索传奇》（上·下）目录　体系图

| 开端 | → | 数以千计的杰出事件 |

1200 年以前

风险思考出现之前被
偶然支配的赌博

第 1 章　希腊之风和骰子的作用

风险概念登场前的新数
字体系的发展

第 2 章　像 1、2、3 那样简单

1200~1700 年

卡尔达诺发现概率的
统计法则

第 3 章　文艺复兴时期的赌徒

帕斯卡与费马对概率论
的贡献

第 4 章　法国人的传承

抽样的统计方法与保险
业的发展

第 5 章　卓越人物的非凡想法

度量无止境 → **含糊不清的阴云以及对准确性的要求** → **探寻不确定性**

1700~1900 年

"财富的任何微量增长所带来的效用与先前拥有的财富数量成反比"——伯努利

第 6 章　思考人类的本性

围绕信息利用与概率应用的一系列进步

第 7 章　探索道德上的确定性

风险计量化中不可或缺的正态分布与标准偏差

第 8 章　非理性的至上法则

高尔顿对"均值回归"的提示

第 9 章　大脑损伤的人

认为"均值回归"只是一种工具的必要性

第 10 章　豆芽和危险

效用概念的导入

第 11 章　快乐的结构

1900~1960 年

有果必有因，但人类将缺乏把握原因的能力称为偶然

第 12 章　对无知的衡量标准

重视不确定性的奈特与凯恩斯

第 13 章　激进独特的观念

博弈论与经济行为

第 14 章　除了卡路里什么都能计算的人

马科维茨的"组合选择"对投资管理的变革

第 15 章　一个匿名股票经纪人的奇怪案例

对同一问题在不同状况下的矛盾选择的研究

第 16 章　不变性的不足之处

尝试理解不遵从合理行为概念之人的行为

第 17 章　理论巡警

作为风险管理的期货

第 18 章　赌博的奇特体系

无法对将来进行预测是因为信息不足，而不是因为概率、均值回归和分散组合没有用

第 19 章　等待野性

第七章

战略

波特《新版 竞争战略》
波特《竞争优势》
巴尼《战略管理：获取持续竞争优势》（上·中·下）
哈默尔、普拉哈拉德《竞争大未来》
野中郁次郎、竹内弘高《知识创造公司》
奈尔伯夫、布兰登勃格《合作竞争》
柯林斯、波拉斯《基业长青》
卡普兰、诺顿《战略中心型组织》

第一章　一般管理		
第四章　人(HR·组织行动)	第三章技术管理·企业家精神	第二章逻辑思考
第五章　物(营销)		
第六章　钱(会计·财务)		
第七章　战略		

战略领域（竞争战略）整体的体系书

《新版 竞争战略》

Competitive Strategy

迈克尔·E. 波特（著）

土岐坤　中辻万治　服部照夫（译）

钻石社

价格　　5631 日元

①五力分析
②成本领先战略
③差异化战略
④集中战略

功能分类

一般管理	
逻辑思考	
技术管理·企业家精神	○
人（HR·组织行动）	
物（营销）	
钱（会计·财务）	
战略	◎

职位分类

基层	中层	高层
△	◎	○

流传下来的原因

企业需要思考的事大体可以分为两类，一类是"战略"（设计），一类是"战术"（应用），但人们经常误解两者之间的关系。虽然设计和应用都非常重要，但具体来说，正确的设计属于"必要条件"，正确的应用属于"充分条件"。本书正是对作为"必要条件"的"战略"（设计）部分进行了系统化展开与深入探讨的力作。

因为现场员工的能力参差不齐，很多企业都通过减少员工自主思考的标准化工作流程来提高工作效率。但管理层必须完全理解战略的体系，才能对现场进行具体的战术指导，所以这是管理层必须具备的基本能力。没有战略指导的战术，就像是放弃独立思考完全按照工作手册上的要求进行工作一样。

在本书之前，也有像明茨伯格那样的战略大师出版的关于战略的著作，但波特在本书中第一次将战略带入经济学的世界，通过缜密分析与详细的案例，确立了战略的体系。

本书虽然是波特的处女作，但一经出版便引发轰动，被全世界19个国家翻译出版，与实践篇《竞争优势》（续篇）一起被称为立

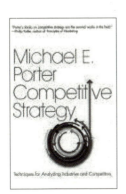

原著：*Competitive Strategy*
（初版 1980 年）

于管理学顶端的"圣经"。2001 年，一桥大学大学院国际企业战略研究科创设了"波特奖"。该奖每年对在产品、流程、管理方法中引发创新，同时执行了独特的战略，并且在行业中持续获得较高收益的企业以及事业进行表彰。

概要

本书将制订竞争战略的过程分为以下 4 个阶段：

①行业结构分析。

②确定基本战略。

③详细分析竞争对手与行业内部情况。

④制订符合自身状况的竞争战略。

针对第一阶段的行业结构分析，波特对影响行业收益的 5 个要素进行分析（五力分析）：

①行业内现有的竞争对手。

②新进入者的威胁。

作者简介

迈克尔·E. 波特（Michael E.Porter）

1947 年出生于密歇根州安娜堡。毕业于普林斯顿大学机械和航空工程系。在哈佛商学院取得硕士学位。1973 年起在哈佛商学院任教，1982 年成为该校历史上最年轻的正教授。波特曾担任许多企业的管理战略顾问，主要著作有《竞争战略》《竞争优势》《国家竞争优势》等。

③替代品的威胁。

④购买者的议价能力。

⑤供应商的议价能力。

从上述要素中找出影响力最大的第一要素，然后以此为基本，对竞争战略进行分析。

在第二步确定基本战略阶段，为了最大限度地利用有限的资源在竞争中获胜，需要从"成本领先战略""差异化战略""集中战略"这三个基本战略之中选择一个，构筑竞争优势地位。对于上述基本战略，可以将细分范围作为纵轴，竞争优势的类型作为横轴来进行分析。除了一部分大企业之外，几乎所有的企业都需要在特定的市场领域之中，选择成本领先或者差异化的"集中战略"。波特还指出，成本领先的关键在于成本而非价格。也就是说，成本领先的根本是创建出能够以更低的成本提供产品与服务的体制，而不是以更低的价格仍然能够获取利润的体制。不改变成本的结构，却提供"低价格"的产品和服务，只能落得失败的下场。

在第三阶段，需要对竞争对手进行详细的分析。首先需要明确包括潜在的竞争对手在内都有哪些竞争对手，然后通过对竞争对手

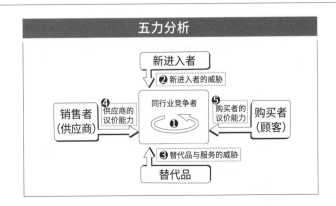

236

未来的目标、假设、战略、能力这四个方面进行分析，预测对方会采取怎样的攻势，分析自己的防御能力（弱点、挑衅、对抗行为的效果）。

选择购买者也是竞争战略的重要组成部分。对以下4点都必须准确把握：

①购买者的购买需求以及自己公司与之相应的能力。

②购买者的成长力。

③购买者的地位。

④购买者的交易成本 。

此外，选择销售者与选择购买者同样重要。波特指出，为了找出对自身有利的销售者，必须从以下3个角度出发：

①把握供应商企业群的竞争力。

②推算出最佳的垂直整合度。

③将订购量分配给多家有竞争力的供应商，对所选的供应商发挥强大的议价能力。

除了对行业整体的分析之外，对与自身状况相符的细分市场进行分析也很重要。在最后一个阶段，为了对具体的战略分析进

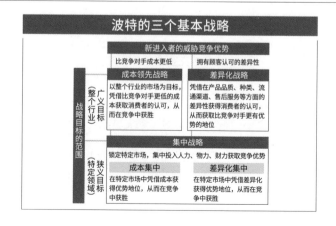

行讨论，应该将着眼点放在不同行业环境及不同战略类型的代表战略上。

本书将行业环境分为零散型行业、新兴行业、成熟行业、衰退行业、全球性行业 5 个类型，战略类型分为"垂直整合""扩容""进军新市场" 3 个类型。

重要内容

◇新进入者威胁的大小受进入壁垒的影响。进入壁垒包括规模经济、产品差异、资本金投入、转换成本、流通渠道、绝对费用以及政策法律等。

◇陷入绝境的企业，往往是在三个基本战略之中，连一个战略也无法实施的企业。

◇竞争对手会通过行动表现出企业意图、动机、目标以及内部状况等市场信号，通过准确把握这些信号，就可以对竞争对手进行分析和制订战略。比如，在竞争对手还没准备好推出新品的时候抢先宣布自己公司将推出新品，从而使购买者不去购买竞争对手的商品。这种让购买者等待自己公司产品上市的行为也是一种信号。

◇在制订基本战略的时候，需要讨论的具体战略类型包括垂直整合、扩容与进军新市场三种。

◇在进入新市场的时候，应该选择"存在不均衡状态的行业""现有企业的反击不及时，或者认为其不会做出有效反击的行业""与其他公司相比投入成本更少的行业""能够凭借自身实力改变行业构造的行业"和"进入市场之后能够与自身的现有事业产生相乘效果的行业"。

《新版 竞争战略》目录 体系图

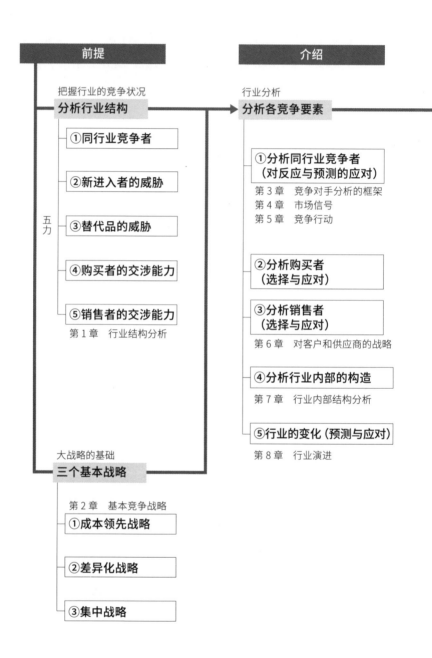

具体案例

制订个别竞争战略

不同行业的战略

行业内部竞争

①零散型行业

第 9 章　零散型行业中的竞争战略

②新兴行业
**　成熟行业**
**　衰退行业**

第 10 章　新兴行业中的竞争战略
第 11 章　行业向成熟转化
第 12 章　衰败行业中的竞争战略

③全球性行业

第 13 章　全球性行业中的竞争战略

主要的战略决策

战略的关键

①垂直整合

第 14 章　垂直整合的战略分析

②扩容

第 15 章　业务能力扩展

③进军新市场

第 16 章　进入新市场

战略领域（竞争战略）整体的体系书之续篇

《竞争优势》

如何维持高业绩

Competitive Advantage

迈克尔·E. 波特（著）

土岐坤　中辻万治　小野寺武夫（译）
钻石社
价格　　7800 日元

①价值链
②主要活动
③支援活动
④管理战略

功能分类

一般管理	
逻辑思考	
技术管理·企业家精神	○
人（HR·组织行动）	
物（营销）	
钱（会计·财务）	
战略	◎

职位分类

基层	中层	高层
△	◎	○

流传下来的原因

　　本书是迈克尔·E.波特《竞争战略》的续篇。波特在《竞争战略》中提出了对行业与竞争对手进行分析的框架，以及保持竞争优势地位的三个基本战略（成本领先战略、差异化战略、集中战略），并且以上述内容为基础，对系统化的战斗方法及规则进行了论述。本书《竞争优势》则更进一步向读者提供了将这三个战略在自己公司内部具体实施的办法。

　　也就是说，这本书针对"如何确保持续的成本优势""如何实现与竞争对手的差异化"以及"如何通过集中战略在竞争中获取优势地位"这三个问题给出了回答。同时本书还对通过在相关行业中进行战略调整，如何保持竞争优势以及如何保护自身在竞争中的地位等问题进行了探讨和解答。

　　波特在书中提出了"价值链"这个非常重要的概念，并且对以此为框架实现竞争优势的方法进行了说明。本书与《竞争战略》一

原著：*Competitive Advantage*
（初版 1985 年）

样，通过缜密的分析构筑起一个非常庞大的战略体系，并且带有大量具体且详细的分析内容，堪称名著中的名著。

概要

本书以《竞争战略》中明确提出的思想为出发点，对如何在现实中实现并且维持竞争优势进行了考察。

本书的核心是价值链，通过价值链可以对竞争优势进行分析，找出强化竞争优势的方法。价值链揭示出企业实现竞争优势的结构，将企业的整体活动分解为 9 个创造价值的活动。这 9 个活动又分为 5 个主要活动（供应、生产、物流、销售、服务）和 4 个支援活动（整体管理、人力资源管理、技术开发、采购）。

价值链中需要注意的关键因素包括以下 3 个方面：

①价值链内部的连锁关系。

作者简介

迈克尔·E. 波特（Michael E.Porter）
参见前文《新版 竞争战略》

②垂直的连锁关系（自身的价值链与供应商和流通渠道的价值链之间的相互关系）。

③购买者的价值链。

获取竞争优势的第一个办法是获取成本优势。要想获取成本优势，需要对各价值活动中投入的成本和资产进行分配，对成本行为（随着销量和工作量的改变，成本发生了什么变化）进行分析。要想在成本优势上站在竞争对手的前面，就必须了解竞争对手的价值链，掌握比竞争对手获取成本更低的方法。为了保证成本优势，可以采用"控制成本要素"和"价值链重组"的方法。

对于获取竞争优势的另一个办法差异化，也可以通过价值链对应该在哪个部分进行差异化进行分析。在追求差异化的时候，起决定性作用的是购买者的价值链，通过降低购买者的成本和给购买者提供更多的实惠来为购买者创造价值，这对差异化分析来说尤为重要。

此外，在集中战略选择细分市场的时候，应该选择与购买者需

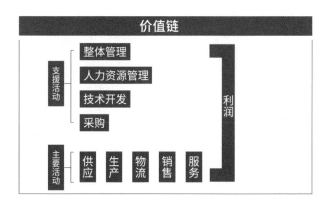

求和成本行为不同的部分，而且必须对行业内的竞争领域及其与竞争优势存在怎样的关系进行仔细的分析与思考。

在本书的后半部分，波特针对公司整体战略与事业战略之间的关系以及如何应对不确定性等问题，设计了具体的场景，并对这些含有大量信息的战略体系的执行进行了模拟。

重要内容

◇在航空运输领域相互竞争的国民捷运航空与联合航空，不管在对顾客的接待、乘务员政策还是飞机运行上都采取了不同的做法，因此他们的价值链也完全不同。

◇维持成本优势有"控制成本要素"和"价值链重组"两种方法。成本要素包括规模、熟练度、容量利用率、连接关系、相互关系、整合、时机、政策、立场、制度等。价值链重组包括改变生产工程、改变自动化流程、变间接销售为直接销售、更换原材料、使用新型广告媒体等。

◇提高差异化的质量可以采取"增加当前价值活动的差异性"和"以提高差异性为目的进行价值链重组"的方法。

◇技术是获取竞争优势的重要因素，它在成本领先和差异化这两个战略中都发挥着非常重要的作用。

◇价值链锁同样能对技术的作用进行分析。为了获取竞争优势，企业必须制订技术战略，而在做出决策之前，必须找到"应该开发何种技术""是否应该在这项技术领域中追求领先""技术供应的作用"这些课题的答案。

◇追求领先地位，大致有以下 3 种方法：

①价值链锁重组。

②重新定义竞争领域的范围。

③增加支出。

《竞争优势》目录　体系图

竞争战略的核心概念 ➤ **竞争优势的原理**

第1章　竞争战略：核心概念

行业结构分析（五力分析）
①行业内现有的竞争对手
②新进入者的威胁
③替代品的威胁
④购买者的交涉能力
⑤销售者的交涉能力

三个基本战略
·成本领先战略
·差异化战略
·集中战略

价值链锁的概要

主要活动

志愿活动

第2章　价值链锁与竞争优势

基本战略与价值链锁
第3章　成本优势
第4章　标新立异

技术战略与竞争优势
第5章　技术和竞争优势

改善行业结构的竞争对手思考方法
第6章　选择竞争对手

**行业内部竞争
领域的决定**

**企业战略与竞
争优势**

**进攻与防守的
竞争战略**

选择细分市场

第 7 章　行业细分和
竞争优势

业务单位间的关联

第 9 章　业务单位的相互关系
第 10 章　横向战略
第 11 章　获取联系
第 12 章　互补产品和竞争优势

对不确定性的管理

第 13 章　行业前景和不
确定条件下的竞争战略

**阻止替代品(防守方)
和促进替代品(进攻方)
的战略**

第 8 章　替代的战略

应对挑战

第 14 章　防守战略

挑战行业领导者

第 15 章　向行业领导者
发起进攻

第一次将 RBV 概念整合进以竞争战略为中心的战略论中

《战略管理：获取持续竞争优势》
（上·中·下）

Gaining and Sustaining Competitive Advantage

杰恩·巴尼（著）

冈田正大（译）
钻石社
价格　　各 2400 日元

①核心能力
②资源基础理论（RBV）
③竞争优势

功能分类

一般管理	
逻辑思考	
技术管理·企业家精神	
人（HR·组织行动）	
物（营销）	
钱（会计·财务）	
战略	◎

职位分类

基层	中层	高层
		◎

流传下来的原因

波特的战略理论体系是以行业结构分析（事业成功与否由行业的竞争状态决定）为中心建立的。与之相对的，本书的著者巴尼认为，事业成功与否由企业内部的资源决定，并提出了以分析经营资源为中心的资源基础理论（RBV）。本书与波特的《竞争优势》都堪称现代派战略的"圣经"。

概要

人们经常误以为，波特的竞争战略只关注外部（竞争环境、竞争对手），而巴尼提倡的基于经营资源的战略（RBV）只关注内部（自己公司）的资源。

但实际上这种理解是完全错误的。对于绝大多数企业来说，在进行战略决策的时候，必需的信息（前提条件）都是共通的，因此

原著：*Gaining and Sustaining Competitive Advantage*
（初版 2002 年）

不管是市场（发展趋势与预测）、竞争对手（现状与战略），还是自己公司的状况（能力、资产、战略合作）都是必须要考虑的。也就是说，正如要想战胜竞争对手必须让自己公司具备更加丰富的资源一样，不管自己公司具备多么优势的资源，如果竞争对手比自己拥有更加丰富的资源，那么自己一样会在竞争中失败。

因此，波特和巴尼观点的不同之处只在于在制订战略决策时，各自的出发点究竟是"外部的行业结构"还是"自己公司的资源"。两者只是对各自的出发点进行了更加深入的分析和讨论而已。

波特选择外部行业结构作为出发点的理由是：如果在选择发展事业的市场时出现了错误，那么不管后续的经营管理多么出色，也一样无法实现成长。而巴尼将自身资源作为出发点的理由则是：不管选择了多么具有发展潜力的市场，但如果自身不具备在这个市场之中进行竞争的资源，那么最后也只能以失败告终。他们两个人的观点都是正确的，而且他们的观点并非孤立，而是必须将双方的观点综合起来进行考虑。

从这个意义上来说，"波特忽视了自身的资源""巴尼重实践轻

作者简介

杰恩·巴尼（Jay B. Barney）
美国俄亥俄州立大学费雪商学院教授。企业资源本位观理论的主要奠基人。1996 年成为美国管理学会管理政策与战略部会长。他曾在管理学领域的顶级学术杂志《AME》《SMJ》《组织科学》等上发表超过 50 篇论文，为惠普、得州仪器等全球 20 多个知名企业提供过管理顾问服务。

设计"之类的指责无非是想要哗众取宠的罢了。

波特在《竞争战略》的续篇《竞争优势》中聚焦价值链这一环，对企业资源进行了非常具体的分析。同样，巴尼也没有彻底放弃对市场选择和应对的思考。在本书的中卷和下卷，巴尼以波特的理论为前提，对垂直整合、成本领先、多元化战略等个别战略也都进行了详细的讨论。当然，因为波特和巴尼的出发点不同，所以这些分析都是对自己观点的一种补充。

关于自身资源，巴尼将关注点放在VRIO（可持续的竞争优势的源泉≈不会被轻易模仿也不会轻易消失）上，并且提供了一个以强化资源为前提的框架。这样一来，在对波特提出的价值链进行分析时，就可以更加准确地把握自身的强项和弱点。

重要内容

◇可持续的竞争优势由该企业稀缺或难以模仿的经营资源决定。

所谓竞争优势，就是指该企业的行为能够产生经济价值，而采取同样行为的竞争企业几乎不能产生价值的情况。因此，企业必须拥有稀缺的经营资源，或者基于难以模仿的经营资源来对事业进行运营。经营资源不只包括"有形资产"，还包括技术实力、品牌效应、特殊的专业能力和组织文化等"无形资产"。如果在这些资产中不存在稀缺或者难以模仿的资源，那么企业的优势地位迟早会消失。巴尼指出，可以通过企业拥有的经营资源 V= Value

（价值）、R=Rareness（稀缺性）、I=Inimitability（不可复制性）、O=Organization（组织），也就是 VRIO 这 4 个角度来判断企业的竞争优势是否具有可持续性。

◇所有的战略论最终都要由内部资源的评估来决定。

要想获得真正的竞争优势，基于经营资源的战略（RBV）尤为重要。不管是垂直整合、成本领先以及灵活性构筑这些传统的主要的战略论（上卷、中卷）也好，还是多元化战略等企业战略论（下卷）也罢，最终都要根据"内部资源的评估"来得出结论。

◇行业结构十分重要。

企业的行为与绩效受行业结构的影响极大。因此，企业是否能够取得平均标准之上的业绩，完全取决于行业结构的特征。具体来说，就像波特划分的那样，包括零散型行业、新兴行业、成熟行业、衰败行业、全球性行业、网络型行业、超竞争行业、无核心行业等。

VRIO 框架

VRIO	疑问
Value（价值）	企业的资源和能力能使企业对环境威胁和机会做出反应吗？
Rareness（稀缺性）	多少竞争对手已经具备了特定的资源和能力？
Inimitability（不可复制性）	不具备特定资源和能力的企业在试图获取该能力时会付出很高的成本吗？
Organization（组织）	企业是否有合理组织、充分利用该资源和能力的竞争潜力？

《战略管理：获取持续竞争优势》（上·中·下）目录　体系图

企业战略的基础理论　→　企业战略的实践主题

事业战略层面的策略

中卷　事业战略篇

代表性政策的定义与经济价值
第 6 章　垂直整合
第 7 章　成本领先
第 8 章　产品差异化

其他重要主题的定义与考察
第 9 章　灵活性
第 10 章　隐性共谋

战略的定义与外在和内在的分析——波特的定位论（SCP）与巴尼等人的资源基础理论（RBV）

上卷　概论

战略的定义与企业的使命
第 1 章　什么是战略？

战略与绩效的关系
第 2 章　公司的绩效和竞争优势

外部环境分析的视角（SCP）
第 3 章　环境威胁的评估
第 4 章　环境评估的机会

内部环境分析的视角（RBV）
第 5 章　评估企业的优势和劣势

整体战略层面的策略

下卷　公司战略篇

战略合作的等级与全球化经济下的代表性策略
第 11 章　战略合作（战略合作的类型、战略合作的经济价值等）
第 12 章　多元化战略（多元化的类型、多元化的经济价值等）
第 13 章　多元化战略的组织体制（代理成本、组织结构等）
第 14 章　兼并与收购战略（兼并与收购战略的经济价值、兼并与收购和可持续竞争优势等）
第 15 章　国际化战略（国际化战略的经济价值、国际化战略的可持续竞争优势等）

关于以自身强项为中心的战略体系的研究

《竞争大未来》

面向未来的竞争战略

Competing for the Future

加里·哈默尔　C·K.普拉哈拉德（著）

一条和生（译）

日本经济新闻出版社（日经商务人文库）

价格　　800 日元

 ①管理战略
②核心竞争力
③战略设计图
④战略延伸、战略杠杆

功能分类

一般管理	
逻辑思考	
技术管理·企业家精神	○
人（HR·组织行动）	
物（营销）	
钱（会计·财务）	
战略	◎

职位分类

基层	中层	高层
△	△	◎

流传下来的原因

20世纪90年代，美国的企业一直致力于缩小规模、产业重组以及业务流程再设计，因为上述行为都能在短期内取得效果。但是，这种小规模的业务流程改造，无法对企业实现根本性的改变。要想实现根本性改变，关键在于要让企业在未来取得成长的战略方案。

指出上述问题的正是本书的作者加里·哈默尔与C·K.普拉哈拉德。他们认为，在思考产品组合与资源分配之前，要想使企业在未来保持竞争力并且实现持续成长，必须建立起全新的竞争优势，改变竞争的规则。而要想实现上述目标，提高企业的核心竞争力必不可少。本书堪称关于这一理论的代表作。

本书的标题开门见山地指出了书中的主要内容，而正文又对相关理论进行了深入浅出的分析与说明，是一本不可多得的名著。

原著：*Competing for the Future*
（初版1994年）

概要

缩小规模和业务流程再设计固然重要，但这些都是对现有商业模式进行补充的行为，并不能创造出未来的优势。企业战略不只是设定价格、给产品附加价值等以现有行业为前提的问题，还包括面向未来行业结构进行构筑的问题。也就是说，不能一味地思考传统的战略，为了在未来的竞争中取得胜利，必须抛弃以往的成功经验，明确过去的资源有哪些可以作为公司的强项继续利用，哪些应该及时抛弃。

作者还指出，针对未来的竞争，企业应该先从 3 个不同的视角制订出应对竞争的战略。

第一个是"竞争预测行业未来"，即预测 5 年后、10 年后为顾客提供的附加价值，思考要想做到这一点需要具备哪些能力；第二个是"竞争让计划顺利展开"，即不只要在竞争中获胜，还要思考如何抢先一步在未来获得更多的利润，以及要想实现这一点需要具

作者简介

加里·哈默尔（Gary Hamel）
1954 年出生。伦敦商学院教授（国际管理）。曾为摩托罗拉、福特和陶氏化学公司等企业提供管理顾问服务。

备哪些能力、需要制订什么计划。这一阶段也是决定竞争是否能够获胜的关键；第三个是"竞争市场占有率"，即在普通的竞争状态下，正如许多战略教科书中所说的那样，产品概念已经确定，与其他企业的竞争关系已经明确，市场处于竞争激化的状态，在这一阶段要想凭借展现威胁性来获胜十分困难。因此，本书对最后的竞争并没有做任何介绍。

综上所述，获得市场份额的竞争之前的阶段是非常重要的。在"预测行业未来的竞争""获得市场份额的竞争"已经充分完成的时候就应该对"获得市场份额的竞争"进行考察。

重要内容

◇管理者花在思考公司未来发展前景上的时间平均不到 3%，而要想构筑起独特的未来视角，至少要在几个月间花费 20%~50%

作者简介

C·K. 普拉哈拉德（C.K. Prahalad）
1941 年出生，密歇根大学商学院教授（企业战略、国际商务）。曾为柯达、AT&T 和霍尼韦尔等企业提供管理顾问服务。2010 年去世。

258

的时间。

◇管理干部和管理顾问往往将工作重心放在个别的产品开发流程、竞争对手产品以及与竞争对手的较量上，但实际上这些问题就像是马拉松赛跑的最后 100 米。

◇摩托罗拉构想了一个电话号码并非固定在某个地方，而是能够跟随人类移动的世界。在这个世界之中，人类只要通过一个小型的便携式设备就可以在任何地方与其他人取得联络，而且这种新型的通信设备不但能够传递声音还可以传递图像和数据。摩托罗拉还认识到，要想实现这一构想，必须提高在数据压缩、轻型显示屏以及电池技术上的能力。

◇ 20 世纪 70 年代，NEC 的战略设计图使该公司成为全世界的技术先锋。NEC 发现，通信行业与计算机行业有密切联系的趋势，因此只做了从系统化和数码化两个方面展开的战略设计图，并找出作为计算机与通信的接点必不可少的企业能力，将其作为自身的核心竞争力构筑起来。

◇要想构筑具有竞争优势的核心竞争力，以下 8 个步骤十分重要：

①建立明确核心竞争力的流程。

②让战略事业部参与到战略构筑和提高企业竞争力的流程中来。

③明确公司成长与新事业开发的顺序。

④明确管理核心竞争力的作用。

⑤创建给关键的核心竞争力配备资源的体制。

⑥与竞争对手相抗衡，学习提高竞争力的方法。

⑦对现在与将来的核心竞争力状态进行定点观测。

⑧组建对组织内核心竞争力的所有权有自觉的团体。

◇要想保证在竞争中获胜，就必须比竞争对手更早更准确地把握需求，了解产品必须具备哪些性能。也就是在控制成本的同时，以最快的速度重新对市场进行探索和调研。

260

《竞争大未来》目录 体系图

竞争的阶段	第1章 走出过去 迈向未来
	第2章 竞争未来 把握特点
	第3章 学会忘记过去

竞争大未来

竞争预测行业未来

· 深入思考行业的推进力、展望行业的未来

· 运用创造性的视角，思考未来将实现怎样的变化

· 将视角描绘进战略设计图之中

竞争让计划顺利展开

· 与产品和事业相比，思考企业竞争力的组合更为重要

· 为了增强企业竞争力，必须掌握从市场中快速学习的能力

· 迅速把握未来的需求（探索型市场调研）、拥有能够对扩大市场提供支援的销售网络和开发能力等企业能力

现状的竞争

竞争市场份额

必要的思考方式　　第 12 章　新思维

建立关于未来的假设

第 4 章　竞争预见能力

设计假设

第 5 章　构建战略发展框架

在理想和经营资源之间建立起桥梁

第 6 章　奋力拼搏 以弱胜强

用有限的经营资源一决胜负

第 7 章　善用资源 以少胜多

率先走向未来

第 8 章　塑造未来 先机为贵
第 9 章　竞争力是打开未来之门的钥匙

思考企业能力的组合

第 10 章　核心竞争力是克敌制胜的杀手锏

尽快将未来的需求产品化

第 11 章　积极试验 稳操胜券

关于竞争力的新思维

· 正确看待国家间的竞争
· 探索竞争力之谜

关于战略的新思维

· 填写表格式的战略
· 回收无期式的战略

关于组织的新思维

· 超越公司与部门的对立
· 超越集权与分权的对立
· 超越官僚主义与权力下放的对立
· 超越克隆人与叛逆者的对立
· 超越技术导向和顾客导向的对立
· 超越多元化经营与核心业务的对立

传统的竞争（因为其他许多战略书籍都将这一阶段作为主要说明对象，因此本书不做介绍）

关于战略性知识的管理与创造的研究

《知识创造公司》

The Knowledge–Creating Company

野中郁次郎　竹内弘高（著）

梅本胜博（译）
东洋经济新报社
价格　　2000 日元

①知识创造
②显性知识、隐性知识
③共同化、外化、联结化、
　内化

功能分类

一般管理	
逻辑思考	
技术管理·企业家精神	○
人（HR·组织行动）	○
物（营销）	
钱（会计·财务）	
战略	◎

职位分类

基层	中层	高层
△	△	○

流传下来的原因

一直以来，欧美企业普遍认为知识是形式化的、系统化的，也就是所谓的显性知识，而日本企业则认为知识是难以形式化和具体化的，也就是隐性知识。

本书以针对日本企业的分析为基础，提出了一个将隐性知识通过知识创造应用于企划、产品开发、人事、生产、营销、会计、财务等一切管理领域的新型管理模式。

日本人所写的管理类书籍在全世界范围内流传，可以说是很少见的现象，本书就是其中之一。管理战略论的世界级权威迈克尔·波特评价本书是"管理理论真正的新领域"。《经济学人》杂志以及《华尔街日报》等媒体也对本书给予了极高的评价。

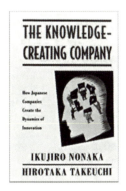

原著：*The Knowledge-Creating Company*
（初版 1995 年）

概要

知识大致可以分为显性知识和隐性知识。显性知识就是可以用形式化、制度化的语言或文字、图像所传递表现的知识。而隐性知识，则是指属于个人经验与直觉的知识，较不易以言语来沟通表达，难以形式化、具体化的知识。

作者提倡的动态知识创造模型，是通过这两个知识之间的相互作用使其不断扩大，包括以下4种程序：

①由个人的隐性知识转化为组织的隐性知识（共同化）。

②由隐性知识转化为显性知识（外化）。

③由个别的显性知识转化为系统的显性知识（连接化）。

④由显性知识转化为隐性知识（内化）。

如果将时间也代入进来的话，就会形成一个相互作用的螺旋。在另一个次元之中，个人创造的知识通过相互作用还可以转换为整个团体或者组织的知识。在螺旋的作用下，组织创造的知识又能够

作者简介

野中郁次郎（Ikujiro Nonaka）
1935年出生。在早稻田大学政治经济学部毕业后入职富士电机制造公司，随后在加州大学伯克利分校取得博士学位。历任南山大学管理学部教授、防卫大学校教授、一桥大学大学院国际企业战略科教授。现任一桥大学名誉教授。在上述期间担任许多企业的董事长。作为"知识创造管理之父"闻名于世。

转换为整个事业部门、整个企业以及组织之间的知识。这样一来，自然而然会引发创新。

此外，本书的后半部分还对组织知识创造所需的管理流程与组织结构进行了详细的分析与介绍。作者认为，在管理流程中，中层管理者应该起到连接高层与基层的桥梁的作用，能够将高层的理想和基层员工所面临的现实问题联系起来，也就是做到"承上启下"。

同时，作者还提出了"超文本型组织"的概念，他将组织分为三个层次，分别是"业务系统""项目团队"和"知识库"。"业务系统"负责日常操作，"项目团队"进行开发等知识创造活动，而"知识库"则专门用来保存前两者创造的知识，并将其变成整个组织的共同财产。

作者简介

竹内弘高（Hirotaka Takeuchi）
1946 年出生。在国际基督大学毕业后进入一家广告公司任职，随后在加州大学伯克利分校取得 MBA 和博士学位。曾任哈佛大学管理大学院助理教授，一桥大学大学院国际企业战略研究科长、教授。现任一桥大学名誉教授。2010 年成为哈佛大学商学院教授。

重要内容

◇本田城市的开发故事揭示了，将隐性知识转变为显性知识时的3个特征：第一，为了将不易于表达的事情表达出来，人们会更加依赖比喻性语言和象征性手法；第二，为了传播知识，必须将个人的知识与他人共享；第三，新知识是从"模糊"和"冗余"之中诞生出来的。

◇松下电器在开发家用烤面包机时，首先通过将面包师傅们的隐性知识"共同化"使其扩散到整个组织，然后将这些知识在组织内部"转移"，并且强化促进知识转变的组织要件，从而实现一个连续进行组织知识创造的创新流程。

◇佳能的迷你打印机是承上启下管理的绝佳案例，佳能通过承上启下的管理方式，根据从易拉罐上获得的灵感，成功地创造出了生产低成本的一次性墨盒的技术。

◇夏普不但通过业务系统层和项目团队层将员工区分开，而且在组织层面上也将项目团队层从业务系统层中完全独立出来，从而形成了更加完美的超文本型组织。

◇日本在开发发电机的时候，将日本员工派往欧洲学习海外市场中的隐性知识（共同化），同时将与生产经验相关的日本的隐性知识传授给外国员工（外化），这是将知识创造扩大到全球规模的绝佳案例。

◇在进行组织层面的知识创造时，以下几点尤为重要：

①创造知识愿景。

②组建知识团队。

③在企业的最前线设置能够相互作用的"场"。

④让新产品的开发流程产生相乘效果。

⑤采用承上启下的管理方式。

⑥转变为超文本型组织。

⑦构筑与外部世界连接的知识网络。

◇进行转换时的出发点应该是相互补充的，而不是相互对立的。

《知识创造公司》目录　体系图

| 知识创造的理论 | → | 知识创造的实践 |

欧洲与日本的管理差异　第1章　绪论：组织中的知识

知识理论的基础　第2章　知识与管理

对经济学、管理学、组织论中主要理论的批判以及"创造新知识"这一创新理论的重要性

组织的知识创造理论　第3章　组织的知识创造理论

认识论的领域

知识转换的四种模式
①从隐性到隐性（共同化）
②从显性到显性（外化）
③从隐性到显性（连接化）
④从显性到隐性（内化）
以及相互作用的螺旋

存在论的领域

①个人创造的知识在相互作用下转变为"团队层面"和"组织层面"的知识
②组织层面创造的知识转变为"事业部门层面""整个公司层面""组织之间层面"的知识

（案例）松下电器的自动烤面包机

第4章　知识创造实例

本书的成果与两个含义　第 8 章　理论与实践意义

──承上启下管理

第 5 章　知识创造的承上启下式管理流程

超文本型组织──适用
于知识创造的组织结构

第 6 章　新型组织结构

（案例）日产与三菱──扩
大到全球范围的知识创造

第 7 章　全球性组织的知识创造

实务的提议

实际进行组织的知识创造时的建议：
①创造知识愿景
②组建知识团队
③在企业的最前线设置能够充分相互作用的"场"
④让新产品的开发流程产生相乘效果
⑤采用承上启下管理
⑥转变为超文本型组织
⑦构筑与外部世界连接的知识网络

理论发现

发现超越两项对立、实现相互补充的重要性：
①隐性 / 显性
②身体 / 精神
③个人 / 组织
④由上而下 / 由下而上
⑤官僚主义 / 专家小组
⑥接力赛 / 橄榄球
⑦东方 / 西方

关于活用博弈论的战略领域的协调战略的研究

《合作竞争》

竞争与协调的竞合战略

Co–Opetition

巴里·J.奈尔伯夫
亚当·M.布兰登勃格（著）

岛津祐一　东田启作（译）
日本经济新闻出版社（日经商务人文库）
价格　　905 日元

①博弈论
②决策
③价值网络图
④参与者、附加值、规则、
　战术、范围（PARTS）

功能分类

一般管理	
逻辑思考	
技术管理·企业家精神	○
人（HR·组织行动）	
物（营销）	
钱（会计·财务）	○
战略	◎

职位分类

基层	中层	高层
△	△	◎

流传下来的原因

1997 年，日本经济新闻社曾经以《竞合管理》为书名翻译出版了本书的单行本，此次文库化将书名更改为《利用博弈论取胜的管理》这一更加通俗易懂且贴合内容的书名。

人们常说商场如战场，"击败竞争对手""夺取市场份额""保护客源"之类的话语很容易让人联想到战争，而且随着全球化和竞合的出现，竞争的视角会变得愈发重要起来。

然而，在现代商业活动之中，有时候也存在例外的情况。与供应商建立起良好的关系，与同行业其他企业进行战略合作的情况也是存在的。

本书的目的就是给商业活动的参与者提供一个竞争与合作的新框架。借用作者的话来说，"商业活动就是在制作'蛋糕'的时候合作，而在分享'蛋糕'的时候竞争。"这也可以说是商业活动的本质。作者将这种竞争与合作的框架称为"竞合管理"。竞合（Co-Opetition）的意思是利用博弈论，不只击败竞争对手，还要建立起对自身有利的博弈规则。

原著：*Co-Opetition*（初版 1996 年）

概要

要想同时展开合作与竞争，就必须运用博弈论。要想开始一场游戏，首先要对各个参与者之间的合作与竞争进行分析。为了进行分析，就必须先制作出价值网络图（Value Net），使各参与者之间的相互关系明确化，然后将博弈论应用于其中。

要想让游戏向有利于自身的方向发展，就必须改变游戏。而要想改变游戏，至少要改变 5 个基本要素中的 1 个，作者列举了 5 个基本要素：

① Players（参与者）。

② Added Values（附加值）。

③ Rules（规则）。

④ Tactics（战术）。

⑤ Scope（范围）。

这 5 个基本要素取开头字母简称为"PARTS"。在本书的第二部分，作者用了 5 章的篇幅分别对将上述要素改变为对自身有利的

作者简介

巴里·J. 奈尔伯夫（Barry J.Nalebuff）
耶鲁大学管理学院教授。与阿维纳什·K. 迪克西特共著《策略思维》。曾为运通、花旗银行、麦肯锡、宝洁等企业提供管理顾问服务。

方法进行了详细的解说。

此外,商业活动中的游戏与其他游戏不同,它是在不断变化着的。因为游戏时刻都处在变化的状态中,随时都有新的状况出现。而且,其他的参与者也在尝试改变游戏,所以必须适应变化,经常改变游戏规则。在最后一章,作者对改变游戏所需的各个要素进行了记述。

重要内容

◇商业活动是"战争",同时也是"和平"。战争与和平同时存在。

◇以大学的价值网络图为例,顾客就是学生、家长、政府、捐赠者等,竞争对手是其他大学、企业、医院、博物馆等,供应商是教授、员工、出版社、经营管理者等,补充生产者是其他大学、高中、计算机、住宅、旅馆、当地企业等。

◇任天堂改变了附加值。其首先通过制作供给不足的游戏,降

作者简介

亚当·M. 布兰登勃格（Adam M.Brandenburger）哈佛商学院教授。曾为英特尔、富达、霍尼韦尔、默克等企业提供将博弈论应用于企业管理方面的顾问服务。

274

低了玩具反斗城等购买者的附加值，然后通过附加保护贴和限制一年内只能制作 5 款游戏等合同条款来降低软件开发商的附加值。

◇通用汽车公司利用 GM 卡来改变规则。GM 卡的持有人可以将消费金额的 5% 用于购买或者租赁通用的汽车。这也就意味着，通用公司只向对通用汽车感兴趣的消费者提供优惠的价格，从而有效地设定出两种价格。这样一来，福特也可以提高自己的价格，而通用和福特都可以使自己的价格保持稳定，实现双赢。

◇微软的演示文稿软件 PowerPoint（PPT）发售之初的销量与 Harvard Graphics 完全无法相比。微软为了提高销量而调低了价格，却导致消费者认为 PPT 品质不行。于是微软改变了战术，将 PPT 与 Word 和 Excel 组合起来作为 Microsoft Office 并成套销售，定价为 390 美元。这样一来就使消费者产生了"演示文稿软件相当于白送"的认知，使得 PPT 到目前仍然占据着演示文稿软件销量第一的位置。

◇世嘉通过改变范围取得成功。当时因为游戏机市场中任天堂的 8 位机一家独大，于是世嘉凭借声音和画面都更加优秀、同时价格也更高的 16 位游戏机进军游戏机市场，迅速成为市场的主导。

◇一般来说，日本的柔道是体重越高越有优势，但也有利用对方体重的打法，也就是将对手的强项变成弱点。商业活动中的"柔道战略"，就是挑战者通过将现有企业的强项变成弱点来获得机会。比如，前面提到的世嘉进军游戏机市场时击败当时的龙头企业任天堂一事，就是利用了这一战略。

◇竞合能够激发创造力，让商业活动具有预见性，使商业活动获得更高的利润，并且让参与商业活动的个人得到满足。

《合作竞争》目录　体系图

对长期绩优企业的研究

《基业长青》

超越时代的生存原则

Built to Last: Successful Habits of Visionary Companies

詹姆斯·C. 柯林斯　杰里·I. 波拉斯（著）

山冈洋一（译）

日经 BP 社

价格　　1942 日元

 ①战略
②领导能力

功能分类

一般管理	○
逻辑思考	
技术管理·企业家精神	○
人（HR·组织行动）	○
物（营销）	
钱（会计·财务）	
战略	◎

职位分类

基层	中层	高层
△	△	◎

流传下来的原因

　　选取绩优企业并对其强项进行分析的书籍《追求卓越》中提及的那些企业，大多都在后来陷入危机甚至破产倒闭。而本书《基业长青》选取了长期保持绩优的 18 家企业进行了彻底的分析，明确了将企业导向成功的本质问题。本书于 1994 年出版，仅在美国的销量就超过 100 万册。

　　本书指出，企业要想实现长期繁荣，就必须将基本理念和进取心渗透到组织的每一个角落。因此，组织、团队和个人的目标、战略、行为、薪资体系等所有制度以及支撑这些制度的具体措施，都必须拥有明确的一贯性与整合性。

　　这是一本对追求流行性和技术性战略论的经营者们造成巨大影响的名著。在《一网打尽：贝佐斯与亚马逊时代》一书中，亚马逊的 CEO 杰夫·贝佐斯列举了他最爱读的 13 本书，其中就有《创新者的窘境》与本书。

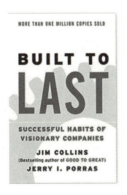

原著：*Built to Last: Successful Habits of Visionary Companies*（初版 1994 年）

概要

本书指出，企业要想实现长期繁荣，就必须将基本理念和进取心渗透到组织的每一个角落。因此，组织、团队和个人的目标、战略、行为、薪资体系等所有制度以及支撑这些制度的具体措施，都必须拥有明确的一贯性与整合性。

在对这一体系进行说明的同时，本书还列举了一直以来人们认为在创建卓越企业时必不可少的 12 个"神话"，并通过事实证明"并没有真正的因果关系"来打破这些"神话"。

神话 1：伟大的公司靠伟大的构想起家。

神话 2：高瞻远瞩公司需要杰出而眼光远大的魅力型领导者。

神话 3：最成功的公司以追求最大利润为首要目标。

神话 4：高瞻远瞩公司拥有共通的"正确"价值组合。

神话 5：唯一不变的是改变。

神话 6：绩优企业事事谨慎。

神话 7：高瞻远瞩公司是每一个人的绝佳工作地点。

作者简介

詹姆斯·C. 柯林斯（James C.Collins）
斯坦福大学教授。曾在麦肯锡、惠普等知名企业任职。

神话 8：最成功的公司的最佳行动都是来自高明、复杂的战略规划。

神话 9：公司应聘请外来的 CEO，才能刺激根本变革。

神话 10：最成功的公司最注重的是击败竞争对手。

神话 11：鱼与熊掌不可兼得。

神话 12：公司高瞻远瞩，主要依靠"远见宣言"。

但是通过详细的调查，作者发现这些神话已经破灭，并且给出了有力的证据。另外，作者还提出了 4 个重要的概念：

①不要做报时者，而要做钟表的设计者（自己成为设计者，不需要魅力型领导者）。

②重视 AND 才能（不在 A 与 B 之间选择，而是思考能够两者兼得的第三方案）。

③保存核心，刺激进步（盲目地改变并不重要。对自己来说，最重要的是理念绝对不能出现动摇）。

④保持一贯性（理念、愿景、行为、规则之间绝对不能出现矛盾）。

作者简介

杰里·I. 波拉斯（Jerry I.Porras）
斯坦福大学教授。组织开发和领导能力等组织论方面的专家。曾在美国陆军服役，并在通用电气公司和洛克希德公司任职。同时他还是以本书的数据收集和分析方法为基础开发的软件"Organization Stream Analysis"的共同开发者。

特别是最后一点"保持一贯性"尤为重要，是上述三点概念的大前提。比如，伟大的企业的理念经常与基本理念相违背。也就是说，关键不在于理念的内容，而在于公司上下是否对理念深信不疑，是否将理念贯彻到了每一个角落并且进行实践。

本书打破了围绕着绩优企业的 12 个神话，指出企业应该关注现实、保存核心，毫不动摇地稳步前行，给商务人士建立基业长青的公司提供了重要的理论依据。

重要内容

◇伟大的构想不是创建高瞻远瞩公司的必要条件。拥有能够将事业构想坚实且持续地执行下去的共同理念，以及拥有一贯性规则的组织才是必要条件。

◇高瞻远瞩公司不需要魅力型领导者。与一个伟大的领导者相比，专心于构筑一种强大而持久的组织的领导者更加重要。

◇高瞻远瞩公司重视核心价值和超越金钱的使命感，这样做的结果（长期回报）是能够获取长期利益。

◇高瞻远瞩公司并没有"共通"的基本价值观。此中重要的变数不在于公司理念的内容，而在于公司的一切行为都能遵循核心价值。

◇绝对不要盲目地进行改变。为了保持成功，需要对战术进行改变，但基本的价值观绝对不能发生改变。

◇处处谨小慎微的公司不见得一定取得成功，即便身处充满不确定性的世界之中也要敢于在历史的关键时刻大胆地提出目标、承担风险，引领公司走向成功。

◇高瞻远瞩公司不一定适合所有人。只有极度符合高瞻远瞩公司核心理念和要求标准的人，才会发现那里是他们绝佳的工作地点。

◇高瞻远瞩公司的最佳行动并非来自高明、复杂的战略规划，而是来自试验、试错和机会主义。看似高明的远大眼光和事前规划经常都是"多方尝试、保留可行项目"的结果。

◇总结本书所有高瞻远瞩公司的历史后，我们发现在长达1700 余年的岁月中，只有 4 个 CEO 是外聘的，而且只在两家公司出现过这样的情况。这充分证明了拥有共同的基本价值观和目的等理念的志同道合者的重要性。

◇与击败对手相比，高瞻远瞩公司更重视战胜自己。不管他们超过对手多远，他们从不认为自己已经做得够好了。

◇高瞻远瞩公司不会用非此即彼的二分法使自己变得残酷无情，而是采用兼容并蓄的融合法，追求鱼与熊掌兼得。

◇高瞻远瞩公司会持续不断地通过具体的做法将自身的基本理念渗透到现场的每一个角落中，而非空喊口号提出"远见宣言"。

《基业长青》目录 体系图

第 1 章 翘楚中的翘楚

伟大企业的神话

通过对绩优企业的调查打破十二个神话

第 2 章　造钟而非报时
神话① 需要伟大构想吗?
神话② 需要魅力型领导者吗?

第 3 章　超越利润的追求
神话③ 追求利润是最大目的吗?
神话④ 需要共同的基本价值观吗?

第 4 章　保存核心,刺激进步
神话⑤ 基本理念也不断变化吗?

第 5 章　胆大包天的目标
神话⑥ 不应该冒险吗?

第 6 章　教派般的文化
神话⑦ 对所有人都理想的职场?

第 7 章　择强汰弱的进化
神话⑧ 需要缜密且复杂的战略吗?

第 8 章　自家长成的经理人
神话⑨ 需要外聘 CEO 吗?

第 9 章　永远不够好
神话⑩ 需要与竞争对手竞争吗?

共同主题
神话⑪ 鱼与熊掌不可兼得?
神话⑫ 管理者需要远见宣言吗?

第 10 章　起点的终点
对一贯性的追求

· 描绘整体图景
· 注重细节
· 集中力量
· 走自己的路
· 消除矛盾
· 创新不忘守恒

连财务会计领域以外的指标都包括在内的战略执行工具

《战略中心型组织》

The Strategy–Focused Organization

罗伯特・S. 卡普兰　戴维・P. 诺顿（著）

樱井通晴（监译）
东洋经济新报社
价格　　3400 日元

①平衡计分卡
②战略地图
③财务视角、顾客视角、
　内部商务流程视角、
　学习与成长视角

功能分类

一般管理	
逻辑思考	
技术管理・企业家精神	
人（HR・组织行动）	○
物（营销）	○
钱（会计・财务）	○
战略	◎

职位分类

基层	中层	高层
△	△	◎

流传下来的原因

本书的作者卡普兰与诺顿曾经在 1996 年出版了一本名为《平衡计分卡》的书籍，不过当时平衡计分卡的目的只是为了解决绩效评估的问题。

但作者对实际导入平衡计分卡的企业进行调查后发现，很多企业都将平衡计分卡用于比绩效评估更为重要的战略执行上。也就是说，为了弥补战略与执行之间的偏差，将平衡计分卡作为一种框架，用来明确战略与执行之间的关系，并对战略执行的效果进行评估。而这样的企业都在一两年的时间里实现了业绩的飞跃性提升。

本书以上述导入案例为基础，为企业明确重要管理流程的战略方向、战略执行以及大幅提高业绩等提供了系统的理论依据。本书提供了丰富的案例和文件，对于想要导入平衡计分卡以及对导入提供支援的管理顾问们来说，是必读的名著。

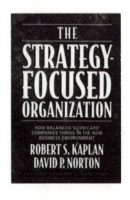

原著：*The Strategy-Focused Organization*
（初版 2001 年）

概要

很多企业都存在对经营环境分析不够准确、对制订的有效战略无法准确执行的情况，这是因为战略每天都在发生变化，但对战略进行评估的工具却跟不上变化的速度。

一直以来的评估方法都是以对投资、投资成果和效率进行管理的财务绩效评估指标为基础进行评估，但企业真正需要建立的是，基于长期视角的在竞争激烈的市场中生存下去的可持续发展的竞争优势。要想做到这一点，只有财务绩效评估指标是远远不够的，还需要设定其他的基准。这些基准就是包括财务视角、客户视角、内部经营流程视角、学习与成长视角在内的平衡计分卡的 4 个支柱。

平衡计分卡不仅可以对业绩进行评估，还可以将其组合进企业的战略之中作为战略管理工具，使企业的愿景、战略、各阶层的意识与方向性具体化，对战略的实效性提供支援。

卡普兰与诺顿还提出了 5 个绝对不能忽视的原则。这也是作为

作者简介

罗伯特·S. 卡普兰（Robert S. Kaplan）
哈佛商学院教授。前卡耐基梅隆大学产业管理大学院教授，1977 年 ~1983 年任该大学院院长。

大前提必须牢记的要素：

①将战略（通过战略地图）转变为业务术语。

②使组织与战略一致。

③使战略成为每个人的日常工作。

④使战略成为连续的过程。

⑤通过果断、有效的领导方式动员变革。

认真执行这5个原则，可以使平衡计分卡从单纯的绩效评估工具变成战略管理系统，给战略的执行提供强有力的支援。

重要内容

◇ 20世纪80年代进行的一项经营管理顾问调查发现，企业制订的有效战略被准确执行的概率只有不到10%。

◇ 85%的管理团队花在讨论战略上的时间，平均一个月不到一个小时。

作者简介

戴维·P. 诺顿（David P. Norton）
平衡计分卡协会的创始人、主席兼CEO。从事与平衡计分卡相关的研究和普及活动。

◇全公司层面的记分卡，必须明确全公司的主题与总公司的职责这两个战略要素。

◇全公司的主题指的是所有的战略单位应该共享的价值、信念、理念。

◇总公司的职责指的是总公司为战略单位提供客户关系、技术共享、商务活动流程等，并为战略单位创造相乘效果的总公司的权限。

◇要想让员工产生战略意识，企业需要通过以下 3 个不同的流程活用平衡计分卡：

①交流与教育。

②开发个人目标与团队目标。

③激励与报酬制度。

◇个人层面的平衡计分卡包括以下 3 个层面的信息：

①全公司目标与绩效评估的尺度。

②全公司目标落实于特定目标的位置。

③个人与团队的目标与实现的步骤。

◇导入战略时必须进行大幅度的权限委任。

《战略中心型组织》目录　体系图

战略思考的组织体的五大原则
第1章　建立战略中心型组织
第2章　美孚如何成为战略中心型组织（案例分析）

**原则一（第Ⅰ部分）
将战略转变为业务术语** → **把战略转化为可操作的行动**
第3章　绘制战略地图
第4章　开发私营企业的战略地图
第5章　战略积分卡在非营利组织、政
　　　　府及医疗保健机构的应用

**原则二（第Ⅱ部分）
使组织与战略一致** → **整合组织创造协同**
第6章　业务单元的协同
第7章　共享服务创造合力

**原则三（第Ⅲ部分）
使战略成为每个人的日
常工作** → **让战略成为每个人的日常工作**
第8章　建立战略意识
第9章　定义个人和团队目标
第10章　平衡薪酬

**原则四（第Ⅳ部分）
使战略成为连续的过程** → **使战略成为持续的流程**
第11章　规划和预算
第12章　反馈与学习

**原则五（第Ⅴ部分）
通过果断、有效的领导
方式动员变革** → **高层领导推动变革**
第13章　领导与变革推动
第14章　避免陷阱